ON THE CLOUD

云上

◎ 苏州市电化教育馆　编

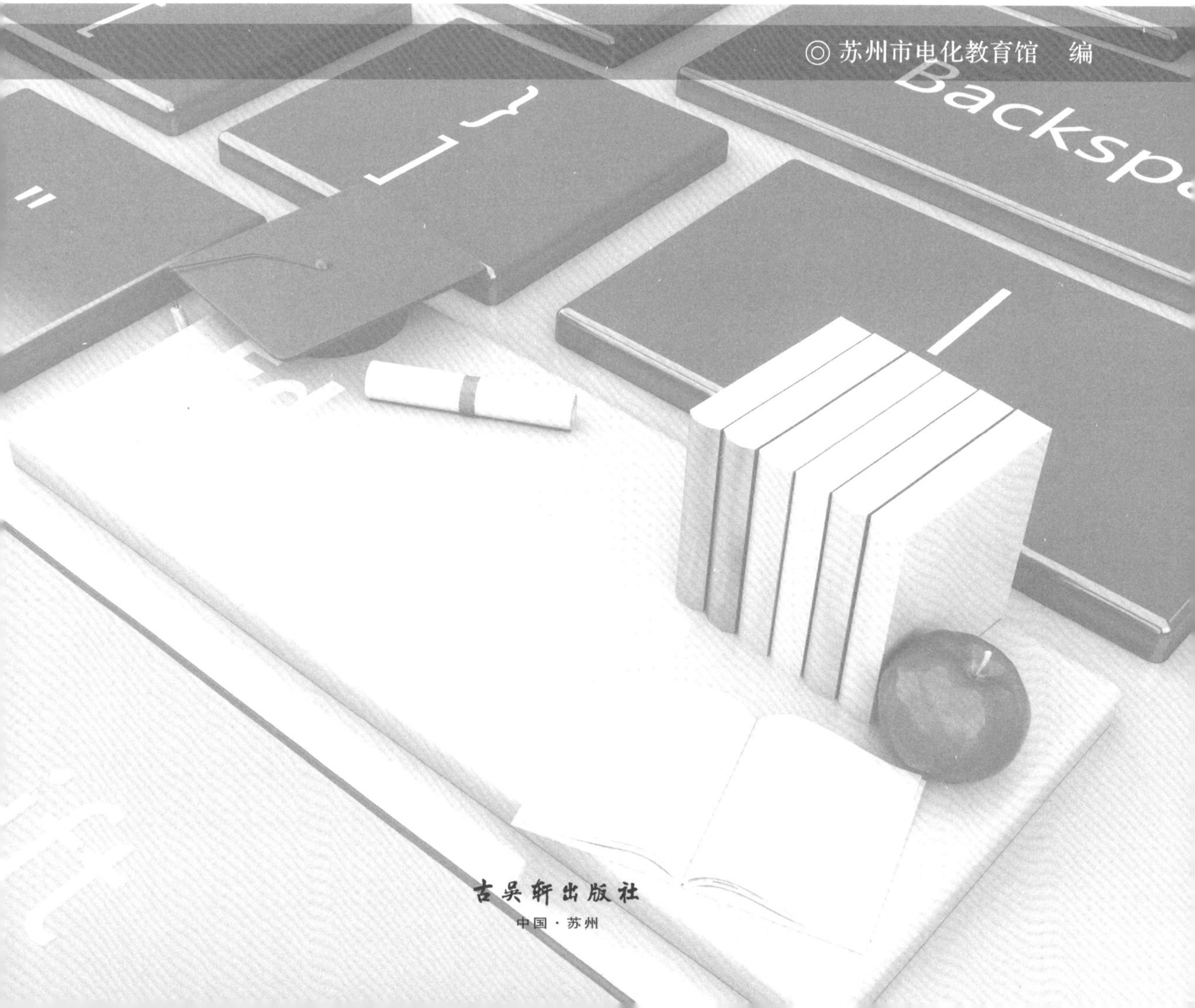

古吴轩出版社
中国·苏州

图书在版编目（CIP）数据

云上 / 苏州市电化教育馆编. -- 苏州 : 古吴轩出版社, 2019.10
（苏州教育信息化）
ISBN 978-7-5546-1426-6

Ⅰ. ①云… Ⅱ. ①苏… Ⅲ. ①教育工作－信息化－苏州－文集 Ⅳ. ①G43-53

中国版本图书馆CIP数据核字(2019)第219935号

责任编辑：张　颖
见习编辑：胡　玥
版式设计：陈　丽
装帧设计：赵　军
责任校对：韩桂丽　　李　倩

书　　名：云　上
编　　者：苏州市电化教育馆
出版发行：古吴轩出版社
地址：苏州市十梓街458号　　邮编：215006
Http://www.guwuxuancbs.com　　E-mail:gwxcbs@126.com
电话：0512-65233679　　传真：0512-65220750
出 版 人：钱经纬
印　　刷：苏州市深广印刷有限公司
开　　本：787×1092　1/16
印　　张：10.875
版　　次：2019年10月第1版　第1次印刷
书　　号：ISBN 978-7-5546-1426-6
定　　价：30.00元

如有印装质量问题，请与印刷厂联系。0512-69323232

《云上》编委会

目录

区域探索 /001

学校实践 /065

教师实践 /115

媒体札记 /147

区域探索

数据治教红胜火，小荷才露尖尖角

——苏州高新区智慧教育时空云建设综述

□ 张必华* 从卫兵**

【摘要】当前，我国教育信息化发展正从 1.0 时代迈向 2.0 时代，区域教育大平台的建设是区域教育信息化 2.0 落地的重要基础。苏州高新区智慧教育时空云建设注重以下几个方面：强化顶层设计，优化中层规划，细化底层实现；厘清整体思路，创新建设内容，推进应用实践；落实领导责任，依托大院大所，打造苏高新范式。

【关键词】智慧教育；时空云；建设综述

近几年来，由于先进的理念和技术的创新，智慧教育成为当代教育信息化的新现象、新境界、新诉求，教育正在从知识时代、信息时代迈向数据时代。苏州高新区教育局自 2015 年开始启动了教育信息化建设，取得了一系列阶段性成果，为智慧教育项目建设打下了坚实基础。

2018 年 8 月，苏州市高新区教育局正式开始了以智慧教育时空云平台为核心的智慧教育建设升级项目。高新区智慧教育时空云平台旨在运用大数据、云计算、互联网、脑科学、人工智能、现代制图、泛媒体等前沿技术，建构基于网络、数据的交互式学习和协同化管理的新型创新教育教学与管理体系，以学科地图推动教学模式的改革，以教育

* 作者系苏州高新区教育发展中心主任

** 作者系中科苏州地理科学与技术研究院教育事业部主任

全息地图推动管理模式的创新，以基于数据的区域学情分析系统实现数据治校、数据治教。通过近一年的探索与实践，一个具有苏高新特质的智慧教育新范式初见端倪。

一、强化顶层设计，优化中层规划，细化底层实现

（一）领悟顶层文件精神，对接理念，融合内容，确立智慧教育时空云建设指导思想

苏州市高新区教育局高度重视智慧教育时空云项目建设，教育局多次召开专题会议，认真研读国家颁布的关于教育教学改革发展的战略性、纲领性文件，进一步统一认识，明确目标，为顶层设计打好基础。《国家中长期教育改革和发展规划纲要（2010—2020年）》明确提出：要把教育信息化纳入国家信息化发展整体战略，到2020年基本建成覆盖城乡各级各类学校的教育信息化体系。要充分利用优质资源和先进技术，整合现有资源，构建先进、高效、实用的数字化教育基础设施，推进数字化校园建设。要加强优质教育资源开发与应用，加强网络教学资源体系建设，建立开放灵活的教育资源公共服务平台，促进优质教育资源普及共享。要鼓励学生利用信息手段主动学习、自主学习，增强运用信息技术分析问题和解决问题的能力。2018年4月，教育部颁布的《教育信息化2.0行动计划》，从新的历史起点和教育强国的高度，提出了八大行动计划，并且从五个方面来保障落实。

就苏州高新区教育发展现状而言，表现为三个层面的需求。一是高新区经济社会发展对高水平基础教育的迫切需求。近几年来，高新区经济社会发展呈爆发趋势，人民群众对教育的要求不断提高，办“人民满意的教育”是高新区不断的追求。随着高新区高新技术产业的不断发展，各类高层次青年人才汇聚，教育成了留住人才的基础性工作，也是助推高新区经济社会发展的重要举措。二是高新区教育内涵发展和内容创新的迫切需求。经过多年发展，高新区教育取得了令人瞩目的成绩，随着一系列重大技术的突破和国家教育改革力度的不断加大，教育领域的改革创新呈现你追我赶、各领风骚的局面。高新区教育要上新水平、迈新台阶，以内涵发展、内容创新为重点的智慧教育是根本抓手。三是早期建设的教育信息化平台升级改造的迫切需求。在高新区早期的教育信息化建设中，强调了硬件和软件两手抓，解决了教育局的管理现代化燃眉之急，为学校的管理和办公提供了务实、高效的信息化抓手，总体上取得了一系列成果。但是，相比其他地区对智慧教育云平台持续建设和不断升级改造所取得的显著成绩，高新区目前的教育云平台仍然存在一些亟待解决的问题。

在认真领会智慧教育一系列纲领性文件精神和总结多年来高新区教育信息化实践经

验教训的基础上，苏州高新区教育局确立了智慧教育时空云建设的基本理念与原则，具体如下：

1. 师生主体与学习为核相结合原则。围绕“一切为了师生，为了一切师生”的核心理念，强调以人为本的建设思路，提高学生核心素养，提高教育教学质量，提高数据治教水平。

2. 承上启下与创新发展相结合原则。高新区智慧教育时空云，是在全面总结高新区教育信息化建设前三期经验，系统分析周边区（市）智慧教育项目特征，融合高新区高新技术优势和产业优势的基础上创新发展的结果。因此，高新区智慧教育升级项目，既不是前三期工程的简单延续，也不是另起炉灶，而是为实现高新区教育“弯道超车”“有所为而有所不为”的针对性设计，其基本方略是走创新发展之路、走特色发展之路。

3. 自主建设与购买服务相结合原则。高新区智慧教育时空云项目建设要坚持走特色发展路径，重点建设一批体现高新区特色的且应用性较高的平台和栏目，提高平台黏性；同时要走开放建设的道路，通过评估认证，引入在智慧教育领域成功的经验、做法，并通过政府购买的方式获取必要资源。

近期，中共中央、国务院印发了《中国教育现代化 2035》，中共中央办公厅、国务院办公厅印发了《加快推进教育现代化实施方案（2018 － 2022 年）》。两个文件远近结合，各有分工和侧重，共同构成了教育现代化的顶层设计和行动方案。

前者是我国第一个以教育现代化为主题的中长期战略规划，是新时代推进教育现代化、建设教育强国的纲领性文件，后者定位于行动计划和施工图，是本届政府任期内加快推进教育现代化、建设教育强国的时间表、路线图，突出行动性、操作性，重在问题导向，按照可操作、可落地、可监测、可评估的原则，聚焦未来五年教育发展的战略性问题、当前教育发展面临的紧迫性问题和人民群众关心的问题，按照可实施、可量化、可落地的原则，将教育现代化远景目标和战略任务细化为未来五年的具体目标任务和工作抓手，指导推进今后五年的教育改革发展，确保新时代教育现代化建设开好局、起好步。

高新区在智慧教育云建设上，不搭花架子，不搞假名目，而是注重实效，真正为方便教师教学和学生学习服务，为提高教育教学实效服务。高新区充分利用本区大院大所相对集聚、现代教育设施较为先进的有利条件，充分发挥师资队伍相对较强、现代教育技术掌握程度相对较高、区域教育教学经验相对丰厚的人力资源积极效应，以提高工作效益和效率。

（二）开展基础需求调研，问题导向，注重实效，确立智慧教育时空云建设总体目标

教育涉及千家万户，事关下一代的健康成长和人才培养。教育创新更是推动社会进步发展的源动力。教育一旦出问题即是社会问题，同样，解决教育问题需要社会的力量。因此，解决教育问题就是解决千家万户的后顾之忧，而开展需求调研，以问题为导向，是智慧教育时空云建设的必由之路。

苏州高新区作为苏州地区经济带的核心区域，经济发展要奋起直追，并要构建能够可持续发展的核心竞争力，便使得人才培养成为最核心的基石，而教育将是孕育人才的摇篮。建设苏州高新区智慧教育升级项目，必将为我区的基础教育快速发展提供有力的技术支撑，有利于提升我区基础教育的教学水平，促进我区教育事业的发展和我区教育关联产业的繁荣。

本项目面向区域内所有教育主管部门、学校、教师、学生、家长和其他教育行业从业人员，受益覆盖面广泛。教育主管部门可以进行统一管理，让工作智能化；学校可以进行横向比较，提高教学水准，并且对教师和学生进行统一的智能管理；教师则可以利用平台提高自身信息化教学能力，更多地参与到智慧教育的浪潮中来；学生不再盲目地登录各种教育平台，让智慧教育更具针对性和有效性。

区域内优质教育教学资源充分共享，教师享受同等的网络教研教学服务，不增加学校日常教学评价工作量，养成教师和学生日常分析学情的习惯，为教育局提供精准、实时的学情分析报告。智慧教育升级项目为实现教育公平提供可靠的技术基础，大大降低了教职员工移动办公成本。推进“互联网+”学习型城市建设，整合社会教育和老年教育，创建“学在高新”的教育品牌及学习规范。实现全区图书资源的统一规范管理，监测学校图书资源利用率，支撑后期全区统一图书编目，实现跨校借书、资源共享。

就经济效益而言，建设高新区智慧教育集约化的时空云平台，至少能减少整个高新区一半以上的教育信息化投入，而且随着智慧教育云平台的推广和更新，后续的维护成本将会持续降低。而后期智慧教育云平台带来的大数据分析成果，对高新区经济和社会发展的推动作用会更加显著。

综上所述，根据教育部《教育信息化 2.0 行动计划》文件精神，依照苏州市教育“十三五”规划总体目标和苏州市、高新区两级教育三年行动计划，通过智慧教育升级项目，到 2020 年基本建成高新区智慧教育创新体系，致力打造高新区教育新阶段，使之成为：高新区教育数据支教、数据治校、数据助学基础性工程；师生资源共享、协同

教育、教学创新的支撑平台；教育教学管理、家校沟通、信息共享的融合平台；安全校园、智慧校园、数字校园的服务平台。总体目标具体内容如下：

1. 教育管理可视化。教育行政部门运用管理空间，通过全息地图、OA 系统、各处（室）定制功能模块等，实现教育管理全息化、动态化、无纸化，同步实现教育教学质量监测数据化、可视化、智能化。

2. 教学过程数据化。广大教师运用教学空间，获取海量备课资源、研训资料、开展课堂教学和针对性辅导，实现分层作业和教学效果的实时数据分析。

3. 学习模式创新化。广大学生运用学习空间，通过学科地图开展自主创新学习、课堂辅助学习、课后精准训练提升，实现同步学情分析，实时掌握学习动态。

4. 社会教育系统化。广大社会公民运用社会空间，浏览海量社会教育资源，实现个人定制的碎片化学习，共享数字图书资源，关注教育发展动态。

5. 家庭教育网络化。广大家长运用家长空间，远程接受家庭教育，实现家校沟通，关注教育发展动态。

（三）运用前沿核心技术，大胆创新，稳步推进，确立智慧教育时空云建设技术路径

1. 学科地图理论与技术

脑科学最新研究揭示：人脑有 1000 亿个神经元，每 100 个神经元组成神经柱。神经元彼此相连，产生信息流。人脑在学习、记忆时，总是在寻找与神经元网络相似的结构。学习、记忆遵循“整体性、结构性、分层性、想象性、图优性、相似性”原则。学科地图基于人脑神经元网络结构，从整体上将学科知识进行结构化分层，并与人的认知结构、学科知识结构和地图的时空结构融在一起，成为人脑自然延伸的一部分，成为“体外大脑”。

阿尔伯特•爱因斯坦提出：建构一张物理地图，识别导向物理精髓的纲领性知识，用图像思维。中科院院士李静海提出：建构学科知识逻辑框架下的多层次多尺度、同一层次不同尺度知识之间的关联。两院院士钱学森第一次提出：运用“综合集成创新”的方法与技术，绘制学科地图。

地图学家、中科院院士周成虎，倾心系统研究学科地图十余年，拥有系列发明专利和软件著作权。从课程建设的角度看，学科地图是基于国家课程标准、考试大纲和教材，建构的学科素养与学科知识“体系、结构、关系、应用”框架，重点是学科关键能力、核心概念和纲领性知识。从学科测量的角度看，学科地图是基于学科核心概念和关键知

识关联的多层次关系图。从技术的角度看，学科地图是基于人脑神经元网络结构、人的认知结构、知识结构和地图的空间结构技术建构起来的复杂网络图。从地图的功能看，学科地图是知识导航与知识管理的工具，是学习与记忆的工具，是创新思维的工具，是学习分析的工具。

2. 教育大数据理论与技术

与传统教育数据相比，教育大数据的采集具有更强的实时性、连贯性、全面性和自然性，分析处理更加复杂和多样，应用更加多元、深入。传统教育数据的采集往往是阶段性的，多在用户知情的情况下（非自然状态）进行，分析的手段多采用简单的汇总统计和比较分析，关注的重点是受教育者的群体特征以及国家、区域、学校不同层面教育发展的整体状况。在大数据时代，移动通信、云计算、传感器、普适计算等新技术将逐步融入教育的全过程，可以在不影响师生教学活动的情况下实时、持续地采集更多微观的教与学的过程性数据，比如学生的学习轨迹、在每道作业题上逗留的时间、教师课堂提问与微笑的次数等。教育大数据的数据结构更加复杂，常规的结构化数据依旧重要，但非结构化数据将越来越占据主导地位。如图所示：

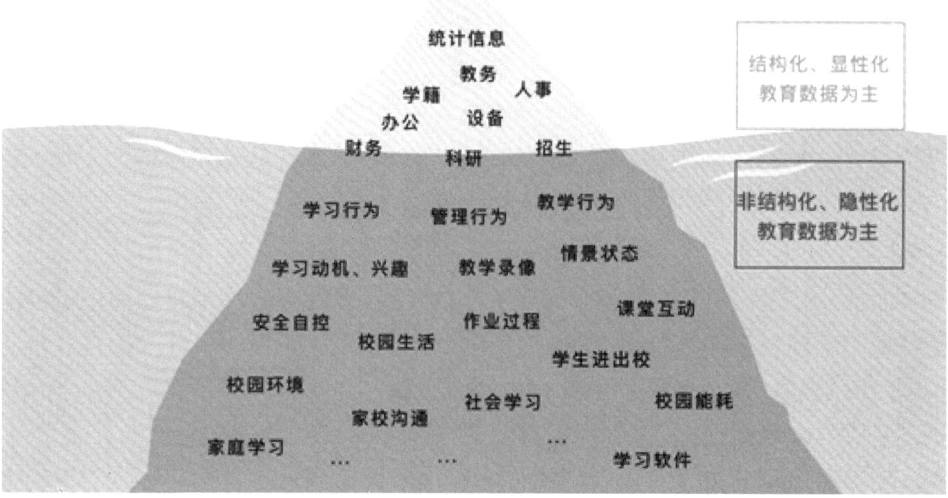

教育大数据“冰山模型”

多年来，国家采集的教育数据主要以管理类、结构化、结果性的数据为主，这些数据位于“冰面”以上，具有易测量、显性化等特点，重点关注宏观层面教育发展整体状况，在一定历史时期对我国制定教育政策、推动教育发展起到了积极的作用。

随着大数据时代的到来，教育数据的全面化采集与深度挖掘分析就变得越来越重要，教育数据采集的重心将向非结构化的、过程性的数据转变，此类数据主要位于冰面以下，具有难测量、隐性化等特点。因此，传统的 RDBMS（关系型数据库管理系统）不适用于本方案，需要采用非结构化的数据库管理系统。面向服务的大数据分析平台的关键技术，如图所示：

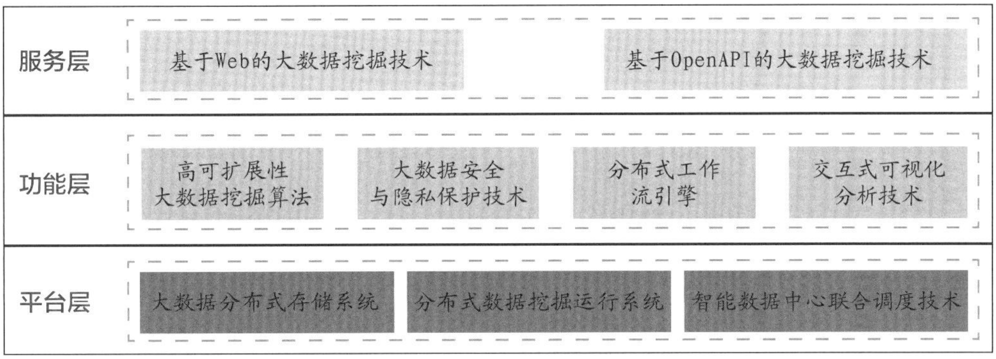

大数据分析平台关键技术

（1）平台层

大数据分布式存储系统。针对数据不断增长的挑战，需要解决大规模、非结构化数据的存储问题，研究大数据的存储、管理和高效访问关键技术，当前需要构建至少 PB 级存储能力的大数据平台才能满足一般的科研和应用需求。

分布式数据挖掘运行系统。针对大数据挖掘算法运行的挑战，突破 MapReduce 技术的局限，研究有效支持迭代、递归、层次及集成机制的海量数据挖掘编程模型和运行系统，构建大数据运行系统。

智能数据中心联合调度技术。面对大数据存储和挖掘的挑战，研究多数据中心的智能联合调度、负载均衡技术，整合多个数据中心的存储和计算资源，构建基于多智能中心的大数据服务平台。

（2）功能层

高可扩展性大数据挖掘算法。面对大数据挖掘的挑战，研究基于云计算的分布式大数据处理与挖掘算法，构建高可扩展的大数据处理与挖掘算法库，实现 TB 级数据的建模能力。

大数据安全与隐私保护技术。针对数据挖掘“软件即服务”模式的需求，研究开发数据挖掘在云环境下的隐私保护、数据审计和节点数据挖掘技术，确保大数据挖掘过程中的数据安全，保证用户的隐私不被泄露。

分布式工作流引擎。面对大数据挖掘分布式调度的挑战，研究基于云计算的分布式工作流调度、负载均衡技术，构建高效分布式工作流执行引擎。

交互式可视化分析技术。针对传统分析方法交互性和可理解性不足的问题，研究启发式、人机交互、可视化数据挖掘新技术，实现大数据挖掘的高度人机交互功能。

（3）服务层

基于 Web 的大数据挖掘技术。突破传统的基于单机软件的数据挖掘技术，创新基于 Web 的大数据挖掘方法和流程，实现易于使用的基于 Web 的大数据挖掘技术，构建基于 Web 的大数据分析环境。

基于 Open API 的大数据挖掘技术。突破传统的基于软件的数据挖掘技术，创新基于 Open API 的大数据挖掘方法，研究大数据挖掘开放接口、开放流程，构建基于 Open API 的大数据分析模式。

3. 全息地图理论与技术

全息地图作为高科技与智慧的标志，在人类各种虚拟场景中多次出现：军事战略布局与演练、未来城市、未知领域探索等，这在一定程度上反映出人类对它的渴望与追求。在实际研究中，全球多个国家跻身该行列，我国处于领先地位。

全息地图是对现实世界及其规律的多视角、多尺度、多主题建模、分析与表达。它以全场景、全地理、全社会信息的表达与建模为基础，以基于地理场景的分析与服务为核心，以数字地图、全息成像及虚实融合等多模态表达为手段，功能全面灵活，体积小而逼真，应用领域广泛且弹性强。

在周成虎院士的蓝图中，全息地图时代的全连接景象是“以全息地图为基础，通过位置实现多维时空动态信息关联，有效地将各种位置空间信息、传感网信息、社交网信息、自发地理信息、实时公众信息等进行相互连接，实现无处不在的泛在空间信息智能服务”。全息地图在智慧教育领域的应用，也是周成虎院士的应用创新。其中教育全息地图的关键技术涉及全息地图的概念模型、全息地图数据的获取与融合、维度自适应时空索引与全息地图数据组织、全息地图的认知与场景表达模型、泛在信息时空关联与位置聚合、地理格局—过程—作用机制自适应表达。

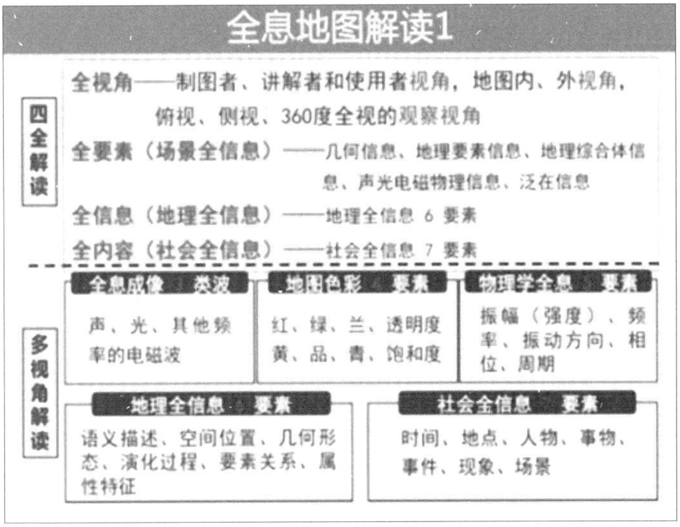

全息地图解读1

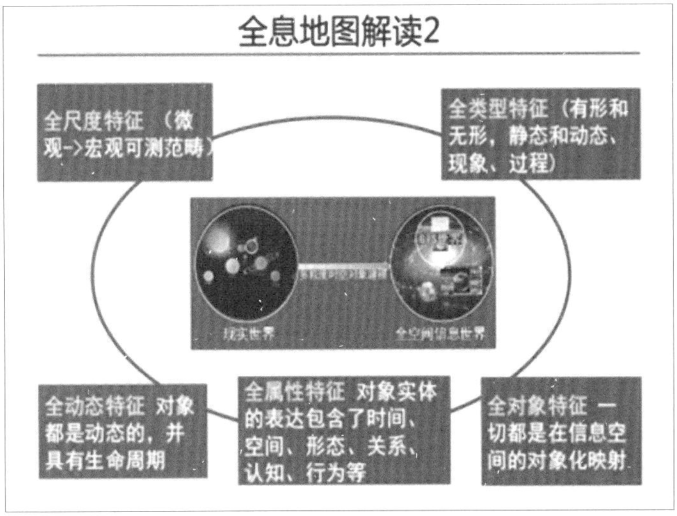

全息地图解读2

二、厘清整体思路，创新建设内容，推进应用实践

（一）总体描述

苏州高新区智慧教育时空云，依据高新区教育教学改革发展实际情况，从数据治教、数据治校、数据治学维度，以“个性化学、针对性教、精准化管”为理念进行建设。

总体上可将之概括为“一个中心、两幅地图、三大系统、四层模块、五大空间”，即：苏州高新区区域教育大数据中心；苏州高新区教育全息地图、学科地图；区域教育地图系统、统一认证系统、教育质量监控系统；核心模块、基础模块、装备模块、应用模块；学习空间、教研空间、管理空间、家长空间、社会空间。项目旨在创建多模态、多元素、多表达的智慧教育“苏州高新模式”。 如图所示：

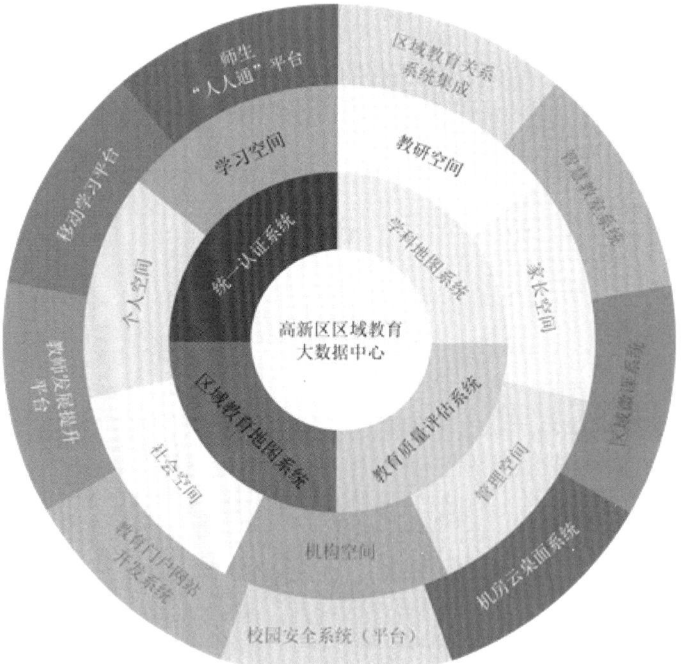

苏州高新区智慧教育时空云建设模式

通过集成与整合，本项目分别打造若干个平行空间，形成集教育行政部门、科研机构、学校，教师、学生、家长，教学、研训、学习等主体和功能于一体的“人人通”云平台。各类空间包含众多应用功能窗口，相对独立、相互协同构成整体，各类空间之间可以有

条件（认证授权）穿越。

（二）具体模块

1. 高新区教育大数据中心。本项目建设旨在打通应用平台之间的数据壁垒，建立数据标准，减少信息孤岛，提供大规模的内容管理与服务、上下层应用的数据接口，使各种信息在区域范围内实现共享，并对上一级机构进行数据传输及上报。

主要做法是构建统一的数据标准、元数据管理及统一的数据服务与共享机制，规范数据的描述和存储，减少数据的冗余和不一致性，改变原始数据传递的交换流程和方式，实现各应用系统之间数据的统一规范与管理。

2. 学科地图系统。学科地图，是基于数学法则，运用符号系统与计算机图形技术和图像处理技术，整体表达学科知识“体系、结构、关系、应用”和学科“核心素养”与“知识来源、知识泛媒体存量、知识查询可视化管理”而绘制的图形，传递学科知识与核心素养的分布规律、发展态势与应用价值。

主要做法是通过数据分析和新算法把学科知识结构、人脑神经元网络结构、地图空间结构和人的认知结构融合在一起，并让知识流动起来，产生知识流。学科地图是学习的工具、记忆的工具、思维发展的工具、知识管理的工具、创新的工具。

3. 教育全息地图。旨在实现教育信息的全视角、全要素、全内容表达。全视角，即制图者、讲解者和使用者视角，地图内、外的观察视角；全要素，指几何信息、地理要素信息、地理综合体信息、声光电磁物理信息、泛在信息；全内容，指社会全信息，包括时间、地点、人物、事物、事件、现象、场景。

4. 平行空间集成。本项目的平行空间设想，旨在统一规划各类不同用户的业务流程，解决用户同一行为在不同页面之间跳转之问题，包括学习空间、教学空间、管理空间、家长空间、社会空间等。

主要做法是结合现有的技术和软硬件环境，同时运用经过验证的创新技术，实现不同空间的功能不交叉，使各空间功能相对独立，保证用户同一类操作行为不跳转，提升用户体验。

5. 教学质量监测与学情分析。包括全区教学质量动态变化图、对象化的学科素养分析图、针对性的学业基础诊断图谱。

6. 教育资源共享库。引进广泛认可的专业院校教学资源，征集区内课堂教学优质资源，支撑区内名师资源共享；建设全区图书资源管理平台，支持各学校下载图书借阅管理客户端。

7. 教育信息化创新基金项目。此项目包括“混合式”课堂教学模式、智慧教室、基于脑科学最新研究成果的教学创新、人工智能技术教学应用场景等。

（三）平台架构

1. 总体架构

系统采用微服务架构进行集中部署，并依据面向服务的思想与分层体系结构的原则进行设计。总体包括访问层、服务提供层、服务支撑层、平台支撑层、数据存储层、云计算基础设施层、标准规范体系以及安全与综合管理体系等部分，其实现架构如图所示：

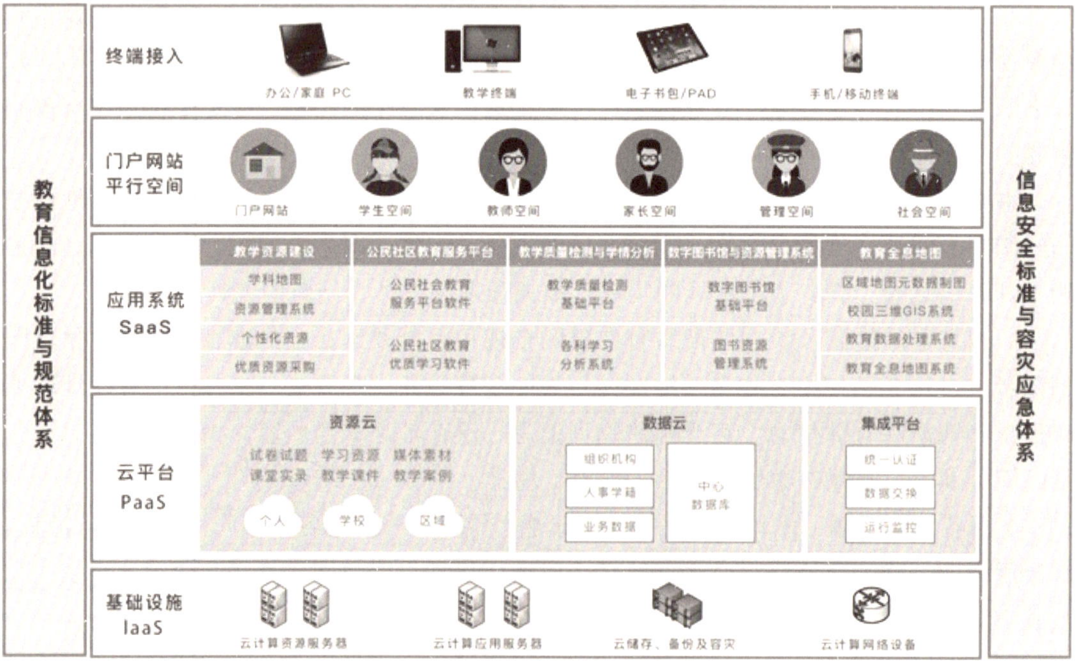

高新区云平台实现架构

2. 技术规范

（1）系统标准

系统设计必须遵循国家相关法律、法规，参照国家信息化建设标准，遵循教育信息化建设相关技术标准，尤其是计算机信息系统安全的有关标准、要求。主要包括：GB/T 11457-2006 信息技术、软件工程术语；GB8566-1988 计算机软件开发规范；GB/

T 15532-2008 计算机软件测试规范；GB/T 8566-2007 信息技术软件生存周期过程；GB/T 20918-2007 信息技术软件生存周期过程风险管理；GB/T 8567-2006 计算机软件文档编制规范。

（2）软件开发

采用目前主流的软件开发语言，保证系统具有开放的体系与接口，采用基于 J2EE 规范的总体技术路线，具有跨平台性，支持 UNIX、LINUX 和 Windows 操作系统，支持 Oracle、DB2、MySQL、SQL server 等主流数据库。系统整体体系结构采用 B/S 结构的三层 / 多层架构；主要客户端为浏览器形式，支持 360、谷歌、火狐、猎豹、IE8/IE9/IE10/IE edge、Safari 等多种浏览器，并支持各种手机端的浏览器。其次要形式为手机、平板电脑 App 形式，要求支持 IOS 和 Android 客户端。

（3）系统架构与连续性问题

系统架构和标准体系建设必须为今后各期的建设打下坚实的基础，要求能够集成现有的系统，能够扩充新建的系统，在软、硬件的建设上都能够保证可持续的发展。在系统设计、新系统开发和业务系统集成整个流程中，要求尽量减少各应用系统在技术上的相互依赖，确保任何一个应用系统（或功能模块）在未来发生变化（减少、增加和变更）时，能够快速方便地进行功能模块组合或修改（二次开发）。

提供可靠的数据或消息传输，确保消息传输的最简化连接方式，如支持 ActiveMQ、Redis、ZeroMQ 等标准消息中间件。

提供灵活和开放的协议支持，包括 HTTP/HTTPS、JMS、FTP/File、Socket、POP3/SMTP、SOAP/HTTP、SOAP/JMS、COBRA 等。

对于 Web 2.0 支持，支持 REST 调用模式。

3. 性能要求

（1）使用方便，界面直观简洁。

（2）系统按照高可用、高性能、高并发的特性进行构建，满足百万级用户在线，万级用户并发。

（3）系统性能稳定，并具有保证系统和数据安全的可靠机制。一般正常环境下要求应用系统页面响应时间不超过 2 秒，业务明细查询时间不超过 3 秒，统计汇总查询不超过 5 秒。系统正常使用后，应用系统 bug 最长排除时间不超过 24 小时。

（4）系统满足采购人项目提出的所有需求，具有可扩展性。

（5）系统数据存储满足 TB 级空间大小，数据保存时间为 20 年以上。

4. 安全要求

（1）保证应用系统 7×24 小时正常运行。

（2）保证数据的完整性与一致性，如果是长事务数据，进行断点恢复和数据的完整性检验。提供对系统运行故障（例如断电或死机）所导致的数据不一致性的恢复和补偿措施。

（3）提供相应数据备份恢复功能，制定合理的备份策略。

（4）操作日记，记录对业务模块的操作。软件自动对业务操作人员的软件使用信息进行记录（包括用户名、操作模块、进入时间、退出时间、使用的计算机名称等），从而健全对整个系统的监督、监察措施，并在出现意外时，可以作为参考依据之一。

三、落实领导责任，依托大院大所，打造苏高新范式

（一）领导重视、职责明确，是智慧教育时空云顺利建设的前提和基础

智慧教育时空云是一种新生事物，对其的研究与实践尚处于初级阶段，其复杂性对实施进程的影响不可忽视，高新区教育局一班人充分认识到了这一点，进行提前部署、靠前指挥。一是建设之初就成立了以一把手局长为组长的智慧教育时空云建设领导小组，明确以局教育发展中心为责任单位，整合高新区多年来教育信息化成果，协调各承建单位，共同推进智慧教育时空云项目；二是一把手局长亲力亲为，积极争取高新区管委会和区相关职能部门的支持，在项目规划立项、数据支撑、资金支持等各方面进行扶持。因此，本项目被纳入“2018 年苏州高新区为民办实事工程”，由区财政局、发改委（大数据局）、教育局共同作为建设单位，把实事办实办好；三是在全局（含各级各类学校）进行智慧教育时空云建设宣传发动工作，进一步统一思想认识，明确建设内容与目标，开展广泛需求调研，还建立了由局职能部门和各级各类学校相关人员参与的信息员队伍，区教育局教育发展中心作为具体责任单位还建立了由项目监理、承建方、建设方共同参与的联席会议制度，定期研讨解决项目建设中的问题，确保项目按质、按量、按时进行。

（二）继承发展、借鉴学习，是智慧教育时空云不断提升之重要法宝

智慧教育时空云的建设以高新区多年来教育信息化发展的基础为起点，以新的理念、新的模式、新的技术为依托，不断丰富智慧教育内涵，提升教育教学质量。

智慧教育时空云的建设必须走开放式发展路径，借鉴周边地区在智慧教育方面的成功经验，结合苏州高新区教育教学实际情况，坚持让专业的人做专业的事，发挥落户苏

州高新区的大院大所的技术优势、资源优势、人才优势，实现既相互借鉴、为我所用，又创造创新、特色发展的共赢发展。

基于上述认识，高新区智慧教育时空云本质上是要为苏州高新区提供一个行之有效的区域智慧教育解决方案，从目前实施的初步效果看，该方案较好地满足了不同用户的需求。具体如下：

1. 针对性。一是用区域教育全息地图解决教育信息与数据可视化的问题，实现数据治教、数据治校；二是用学科地图解决创新学习与个性化学习的问题，实现减负提效；三是用平行空间思路解决教学平台与工具繁多和用户体验差等问题，实现教学研训功能可定制、资源可配置。

2. 创新性。本方案具有三大创新，一是首创学科地图（已获得专利）；二是创新应用全息地图，在国内属首例；三是切入学科素养的学情大数据分析，为国内比较早的落地案例。

3. 实用性。本方案建设从用户需求出发，以问题为导向，以实用为目的，从试用情况看，实用性较强。

4. 可推广性。以本方案为核心，上可升级为更大区域（省或地级市）的智慧教育解决方案，中可稍加提升快速复制至相同规模县市，下可改造为智慧校园解决方案。

（三）边建边用、以用促建，是智慧教育时空云推进应用之活力所在

苏州高新区智慧教育时空云建设的又一个特点是从“用”出发，边建边用、以用促建，真正把“用”落到实处。高新区智慧教育时空云在建设的过程中，始终把用户需求放在功能设计的首位，把用户体验作为优化功能实现的主要指南。为此，在智慧教育时空云平台正式上线运行前，高新区教育局决定先行在多所中小学进行试点工作，特别对多项新技术的运用进行进一步验证，不断革新，积累经验，以期在更大范围推广。同时，在用的过程中，进一步发现智慧教育时空云建设中存在的问题，实现以用促建，进而把推广工作做活、做细、做实。

苏州高新区智慧教育时空云建设项目自启动以来，得到了高新区广大师生和学生家长的大力支持以及社会各界的关注，取得了阶段性成果。“路漫漫其修远兮，吾将上下而求索”，苏州高新区智慧教育时空云还远未到见规模、见成效的阶段，苏州市高新区教育局必须加倍努力、负重前行。

以“云”为名，筑梦课堂

——浅谈基于网络云平台开展云教学的实践与探索

□ 席晓峰*

【摘要】随着信息技术与教育教学的深度融合，传统的教学方式逐渐不再适合时代要求，因此新型教育方式的探究迫在眉睫。基于智慧网络云平台，教师如何在云教学中做好教学资源的发掘、应用和普及更是重点课题。本文就现有的教学形势，结合智慧网络云教学应用平台来探究教师可以采用何种教学模式与教学对策，从而达到更好地开展网络云教学的目的。

【关键词】云教学；智慧网络云平台；教学资源；信息化教学

一、云教学的定位：老师乐教，学生乐学

信息化教育教学的目标不是为教师增加负担，而是利用技术的变革提高教育教学水平。近年来，张家港为全面贯彻落实国家、省、市教育信息化发展规划，加快“三通两平台”建设而开发了一个区域网络云教学平台。相比传统的“家校通”平台，其教学途径更加高效快捷。无论是教师还是学生，都可以通过网络云平台进行沟通，它集教学管理、教学工具、教学资源、家校共育、在线交流于一体，使得教师能够更深入、全面地开展区域网络云教学。

* 作者系张家港电化教育馆办公室科员

（一）简单高效的教学工具

利用智慧网络云平台教学，可以突破时空的限制，更加便捷地进行协同交流、友好互动。教育云平台中有丰富的多媒体资源，便于共享与传播，把教师、学生、教学内容、活动等有机融合，丰富了教学过程。在云平台中，教师可以快捷高效地发布线下和线上的作业通知，可以发布图片、语音、视频等作业，可以在线使用电脑立即批改，节省了作业批改时间。平台汇集了最新最优的课程资源，有全国数十万老师共享微课，教案、课件、同步试卷、模拟试卷应有尽有，教师备课更加自如方便。同时，教师还能随时将学习资料、班级动态、学生荣誉等放到班级空间中，让家长随时查看，建立起教师和家长之间方便沟通的桥梁。

（二）寓学于乐的学习伙伴

通过智慧网络云平台，各门学科都能开展移动网络多样化学习。学生通过网络云学习变革学习方式，提高了学习兴趣与动力，进而促进学生个性化自主学习。爱因斯坦曾说过："兴趣是最好的老师，兴趣能激发人的创造热情。"在智慧网络云平台上，学生能体验趣味十足的游戏化学习，很多类别的知识诸如语、数、外、安全、百科等都转变成闯关游戏，学生可以通过闯关、对战、排名等方式，感受学习的轻松与快乐。学生能在平台上便捷地完成家庭作业，提交结果后直接显示完成情况，平台自动记录错题，帮助学生举一反三，提高学习效率。同时学生还能通过班级空间了解班级发生的各项事件，查看自己的荣誉，能和同学、老师互动交流，分享学习经验、解题思路，这样既拓展了学习的时空边界，实现课内外、正式学习与非正式学习的贯通，又创造出释放孩子天性的大课堂。

二、云教学的弊端：立足实际，查找不足

近年来教学机制的改变和时代的变化都深刻影响着现阶段的教学方式。随着网络社会建设的不断推进，依托移动互联网和智能学习设备的兴起，云教学成为教学发展的必经之路，同时也是适应时代要求所产生的教学形式，但是在实际运行中也产生了很多教学问题。

（一）教学形式的不适应性

云教学作为一种新型的教学形式，带给学生的一定是操作上的不适应性。这种不适应性在小学教学中尤为明显。一方面，学生尚且年幼，不能熟练地在电脑、手机上操作软件进行学习，因此学生的学习效率不升反降。另一方面，学生在没有教师监督的情况下，

很难专注于学习。由于学生天性好动，因此在电脑、手机上学习时极易分心，甚至有的学生还会以学习为幌子用这些电子产品做其他的事情。这些问题倘若不能有效地解决，网络云教学的普及、发展将举步维艰。

（二）教学门槛高，难以全面普及

尽管云教学有着方便快捷的优点，但是在实际运行中，教师们也会渐渐意识到一个很现实的问题：不同家庭的经济状况不同。现阶段我国尚未进入发达国家之列，诸如电脑等电子产品尚未全面进入普通家庭，这就导致教师在利用云教学时，有的学生根本没有条件体验这种新型的教学方式，这对他们来说是极为不公平的，但是由于受现实条件的限制，教师、校方目前尚无法找到很好的处理办法，因此使得云教学的普及受阻。

（三）“拿来主义”，导致教学割裂

智慧网络云平台虽然能够有效地整合大量的教学资源为教学服务，但是在这一过程中，教师与学生间交流过少的问题也很明显。有些教师过度依赖平台现有的教育资源，也不考虑是否符合自己学生的学情，不加思考地直接“拿来”，满堂灌，导致了教学理念与教学行为的割裂。长此以往，不但无法有效地促进教学质量的提高，还容易使学生产生惰性，学习积极性大大下降。

三、云教学的实践：私人订制，激发兴趣

我们地区很多教师在经过智慧网络云平台的实践教学后都能渐渐意识到上述的这些教学问题，在此基础上，教师开始准确地把握教育目标，明确自己的云教学实践方向。具体来说，有以下几个方面。

（一）融合云教学资源，以趣促教

在信息时代，教师要把握教学重心，注意教学资源的合理利用。就小学生而言，教师可以利用云平台上丰富的教学动画和游戏化学习体验来向学生教授知识，通过这些方式，不仅能帮助学生理解教学内容，同时也能提高学生的积极性，一扫传统教学的无趣感。就中学生而言，一部科学严谨的纪录片或是教学微课显然是更好的选择。教师还可以结合云平台现有的资源尝试自己制作教学课件，为学生量身定制教学视频或是实验微课。将这些为学生私人定制的教学资源融入教学中，不仅能够大大提高云教学质量，同时也能使学生更乐于去学，去接受这一新型教学方式，这对云教学的普及有着重要意义。

（二）运用云教学工具，以“具”助教

智慧网络云平台上的云教学工具最突出的特点是实用性强，在云平台教师端有多个课堂工具模块可供教师选择使用，教师能随时在电子教案中插入互动试题，利用“摇一摇”工具随机抽取学生答题，保证提问的公平性，也可以用“计时”“发红花”“电子课本聚焦”等课堂工具辅助教学（见图1），激发学生的学习兴趣，让课堂更生动，云平台甚至还能提供私人定制模块，让老师面对不同班级不同学生都可以有的放矢。这些工具使用方便、操作简单、运行流畅，能更好地让课堂教学与师生互动、生生互动形成无缝融合。在信息时代背景下，合理运用云教学课堂工具可以更好地辅助教师完成上课以及课堂管理等一系列教学任务，并在课堂中提升教师与学生之间的沟通效率。

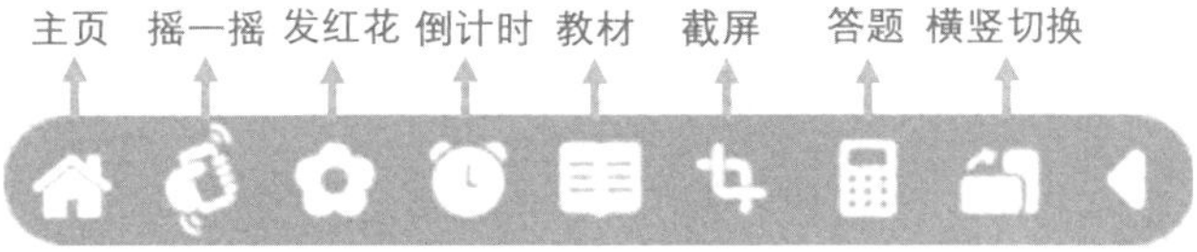

图1：智慧网络云平台的课堂工具

（三）不忘初心，以“氛”乐教

由于云教学是利用网络作为主要通信手段的，所以在实际教学中，师生一般都是以电子产品作为媒介来进行课堂教学互动，因此在这一过程中，教师能否建立良好的教学氛围将直接影响到学生对于这门课的印象。倘若教师仅仅只是敷衍了事，浅尝辄止，那么学生对云平台教学的印象自然也是大打折扣。所以，教师要不忘初心，为了每个孩子的快乐学习，做好课前准备工作，不能把云平台上现有的教育资源直接“拿来”，要利用云教学平台的资源中心提前准备好原创教学资源和趣味题目。课件实时上传、题库整理、错题梳理、学习其他教师上传的微课视频教案等工作一项都不能落下，只有教师在这方面率先做好充足准备，才能在后续的课堂上激起学生对云教学的兴趣与积极性。

四、云教学的模式：找准焦点，提高效率

（一）以教学资源为中心的应用模式

对于云教学而言，如何处理好教学资源一直是重中之重，而这一种应用模式的关注点就是教学资源。它要求教师能够有效地将教学资源置于自己的管理整合之下，并在课堂中适当地运用出来，从而真正地做到资源化云教学。在这一过程中，教师对于教学资源的筛选、升华最为重要。网络所提供的教学资源就好比是一块块璞玉，虽有内涵但并不完美，尚且需要人工雕琢。而教师在这一应用模式中扮演的就是琢玉之人，教师需要不厌其烦地甄别出有用的教学资源并对它们加以改造，使之全面适应教学要求。教师也能以“新课改”为指导，对旧的教学资源做出更新，取其精华。通过这种方式，教师能够逐渐建立起一个自己独有的教学资源库，不仅能提高学生的学习效率，也使自己从中获益，大大提升教学能力。

（二）以视频教学为主的应用模式

这一应用模式是云教学最为直观的模式，也是教学效率最高的模式，核心要点是通过师生间视频互动来完成所有的教学任务。这一模式所提供的教学活动是多种多样的，教师不再是一成不变的教授者，有时，教师还可以将云课堂的权限给予学生，让他们也来感受一下云教学的运行模式。通过这种教学模式，师生间的角色就变得灵活起来，平时课堂中枯燥乏味的氛围也会得到改善。另外一种教学模式即网络视频教学。教师们可以适当地利用网络来搜集一些名师的教学录像以学习，在提升自身教学水平的同时也能使得学生从中获益。最后还有一种区域性的教学模式，即跨课堂教学。利用网络的互通性，教师可将云教学拓展到课外或是其他课堂中去，实现跨课堂教学。例如学校组织教研小组进行调研时，这一教学模式的优越性就凸显了出来。大范围调研、实时性对比等功能都为教学活动提供了巨大的帮助。

结束语：通过本文的分析可以看出，利用云平台进行网络云教学有着很强的可行性，同时对现阶段的教师们而言也是一个很好的选择，虽然这其中还存在着一些问题，但是凭借信息技术的发展以及教师们实践中的不断探索，这些问题都可以得到很好的解决。目前张家港市基于智慧网络云平台开展的云教学已取得一定成效，在今后的工作研究中，将继续对平台的性能以及教育资源的利用、开发做进一步的探索与完善，构建更加便捷高效的智慧云平台，绘制张家港云教育蓝图，以“云”之名，筑梦课堂。

【参考文献】

[1] 郭娟．云计算环境下的网络教学资源平台建设 [J]．石家庄职业技术学院学报，2014（4）：24-25.

云启智慧教育，激扬创新梦想

——太仓市智慧教育云服务平台简介

□ 王嵇春*

太仓市智慧教育云服务平台是对县域范围内的教育系统的架构、技术、数据共享和功能方面进行整体规划，并具有较为完善的教育信息化网络服务功能的数字化教育平台。

一、云平台项目背景

《太仓市中长期教育改革和发展规划纲要（2010—2020年）》提出“推动城乡教育一体化发展”的要求，太仓市教育局依据目前城乡教育信息化现状和未来发展趋势，需要对教育信息化软件平台进行长期规划和建设，发挥现代信息技术在整合教育资源、提升教育质量等方面的重要作用，探索建立信息化教育新模式，不断提高师生信息化素养和能力，使城乡一体信息化成为提高工作效率和提升教学质量的有力支撑，力争率先把太仓建设成为以“城乡一体先行区、优质资源富集区、素质教育样板区、改革创新先导区、人民满意认可区”为总要求的江苏省义务教育优质均衡改革发展样板点。

二、云平台建设情况

2015年底，太仓市教育局基于国家、江苏省、苏州市教育信息化建设的指导思想，对县域教育发展现状及未来趋势进行研判，启动太仓市智慧教育云服务平台项目建设。

（一）建设目标

1. 教育管理智能化。教育行政部门和学校运用云平台进行管理，通过全息地图、协

* 作者系太仓市教育信息化中心副主任

同办公 OA 系统、各科室部门定制功能等模块，智能地完成公文流转、统计上报、数据查询等操作，可以基于基础数据库进行对教师队伍、学生分布、教育教学质量监测等信息的大数据分析，实现教育管理电子化、数据化、可视化、动态化，为教育资源的合理配置等决策提供参考。

2. 教师教学网络化。广大教师运用云平台进行教学，在资源库中获取海量备课资源，经过加工后存入个人空间，课堂教学中随时调用资源进行授课，课后精准推送错题集，开展针对性辅导。利用大数据分析功能进行学习情况分析诊断，能为教师有针对性地教和学生有针对性地学提供数据支撑，实现备课电子化、上课网络化、作业精准化、评测智能化。

3. 学生学习个性化。广大学生可以在任何地方，用任何智能终端登录云平台，进入自己的学习空间，选择自己需要的模块进行学习和交流，可以浏览各种不同的学习资源，随时播放观看微课，解决学习中遇到的困难，可以根据自己的学习特点选择高质高效的学习路径，也可以记录自己的成长点滴，和同伴分享成长的喜悦。

4. 家校沟通便捷化。广大家长可以登录云平台进行家校沟通，利用请假、留言等互动功能免去交流障碍。家长能及时收到学生作业反馈、参与集体活动等在校情况，家长能远程接受家庭教育，关注教育发展动态。除此，家长也可以在个人空间发表自己的教育感想，与其他家长探讨交流，共同进步，还可以查看电子版综合素质评价情况，记录学生成长的轨迹。

（二）建设思路

依据太仓市智慧教育信息化现状和未来发展趋势，太仓市教育局计划对智慧教育云服务平台进行长期规划和建设。云平台的整体实施思路是“技术服务外包，强化内部应用”。按照这个原则，项目选择基于云计算技术，以租用相关运营商或大企业的云计算中心为主，以建设太仓教育城域网中心为辅，采用混合云建设模式，构建以低成本、绿色、高效、开放、共享为特征的太仓智慧教育云服务体系。

（三）系统架构

云平台由两个体系（安全保障、标准规范）和五个层次（感、传、支、用、户）组成。具体包括四项内容：一个平台、三层支撑、两套体系、三个方向。

1. 一个平台。太仓市智慧教育云服务平台。

2. 三层支撑。感知层、传输层、基础支撑平台层。

3. 两套体系。信息化安全标准体系、信息化标准与规范体系。

4. 三个方向。具体受众面向三个方面，分别是教育行政主管单位（教育局）；学校、老师、学生以及学校管理者；社会大众，主要包括学生家长。

（四）建设内容

1. 第一阶段（2015—2016 年）：夯实基础，试点创新

建设内容：一期项目分三个标段，即智慧教育门户及统一身份认证系统、协同办公 OA 系统、教育基础库管理系统，分别由三家公司承建。一是完成了云平台的框架部署；二是完成了统一身份认证，实现单点登录，即一次登录，多个应用；三是完成了学生、教师、机构（学校及其他管理部门）三个数据库基础建设，即学生学籍信息等基础数据的入库；四是完成了协同办公 OA 系统的部署，并全面推广使用。

2. 第二阶段（2017—2018 年）：以点带面，全面推进

建设内容：一是在第一阶段云平台框架部署的基础上，完成了 5717 个教师个人空间、57794 个学生个人空间、137691 个家长个人空间的开通建设；二是确定了三批共 24 所试点学校，组建了 11 人的云平台应用讲师团，举办了第一期云平台应用高研班培训，推进了云平台教学助手、互动课堂、家校帮的试点应用；三是完成了基础数据库补录系统的搭建，进一步增强了基础库数据处理能力；四是进一步完善了协同 OA 办公系统的值班登记、教师请假等功能模块建设；五是开发完成了教师招聘系统、星级教师考核评估系统、教师职称评定系统等第三方应用。

3. 第三阶段（2019—2020 年）：优化提升，拓展应用

建设内容：一是完善教育资源中心建设，通过自建资源、采购资源、互动资源等不同形式进一步充实云平台的各种资源；二是加强应用服务中心建设，例如党风廉政建设“两个责任”履责平台、学生信息采集系统、学生综合素质评价系统、精准化教学和质量分析系统、苏州市在线教育中心太仓分中心建设等；三是完成教育大数据中心建设，包含教育机构分布和基本情况介绍、教师队伍建设发展情况、干部队伍建设情况、新生入学信息分析、学生分布情况、校园安全等可视化数据。

（五）推进措施

1. 完善顶层设计，提升云平台站位高度。一是进一步了解国家、省、市教育信息化发展情况和未来趋势，研究相关政策制度，为本市教育信息化工作发展决策提供理论依据；二是学习借鉴教育信息化发达地区和兄弟市县的先进经验，切实提高教育信息化建

设成效；三是调研本市教育系统各科室、单位、学校对信息化工作的需求，结合实际情况，形成具有本市特点的云平台服务体系。

2. 整合多方力量，充实云平台资源厚度。一是征集全市来自一师一优课、评优课、基本功竞赛和公开课的教学设计、导学单、课件、反思、视频等教育教学资源，征集学校教研组和备课组教学资源；二是引进第三方教育教学资源和组卷服务资源平台、万方数据服务平台等；三是利用人人通空间共享的教师、学生、家长的互动交流资源，以及太仓教育微信和博客资源等。

3. 加强培训考核，增加云平台推进力度。一是明确要求，加大对云平台资源建设和教学助手使用等项目的考核力度，重点在突出资源的共建共享和软件的常态化使用；二是分层培训，依托苏州市中小学信息技术应用能力提升工程，实施云平台课程培训，在区域层面继续组织基于智慧教育云平台的教育技术应用能力高级研修班，组建云平台应用讲师团，利用校本培训课程项目，实施全市学校云平台入门课程培训；三是及时反馈，利用云平台大数据系统，对各单位、学校、教师、学生等登录云平台次数，上传资源数量和质量，在线学习，空间发表交流数量等数据进行反馈。

三、云平台成果创新

太仓市智慧教育云平台是一种县域范围内的智慧管理综合应用平台系统，是太仓市教育信息化中心围绕上述总体要求，基于太仓教育区域特色而自主设计与开发的综合信息平台。其主要采用多层架构体系与云服务模式相结合的方式，将各类应用服务有效整合，实现基于师生校园行为的信息化管理，各类用户按不同的角色分别授权，为教育局、教研部门及学校提供综合管理和决策依据，为教师提供教学管理、学生管理的信息化应用环境。

利用太仓市智慧教育云平台所提供的各种功能模块（应用系统）——包括学生空间、教师空间、互动课堂教学平台、智能学情分析系统、评价与学习过程管理系统等，可以开展各项具有创造性和开拓性的实践性创新应用。这种云端一体化的创新应用，将跨时空的“互动”和“协作”作为核心，探索互联网时代网络环境下具有前瞻意义的教学模式创新，能充分利用平台所提供的大数据智能学情分析系统进行有针对性的个别化学习指导，让基于智慧教育云平台的各类应用参与到学习过程管理中，让基于数字化学习的未来教育以此为起点得到蓬勃发展。

依“云”贯穿课前、课中、课后的智慧教育

——例谈昆山市教师发展服务网络管理平台

□ 毛月萍*

随着教育事业的不断发展，尤其是基础教育课程改革的不断深入，社会不断将教师专业发展放到新的日程安排上，我市构建了昆山市教师发展服务网络管理平台（以下简称云平台）。云平台以确立教师的主人翁地位为脉络，把握教师日常业务应用，满足教师发展的日常管理、专业成长、互动沟通的一体化服务需要，同时在实践过程中不断升级完善。

我市构建的云平台为18000多名教师提供了信息环境建设标准化、教育平台开发一体化、优质教育资源共享化、教育管理创新数据化、亮点应用探索示范化的智慧教育云。云平台几乎涵盖了教师发展的方方面面，全部都介绍会比较笼统，我认为还是要接地气，从教师视角出发，以教师教学主要涉及的课前、课中、课后这三个环节展开论述。

一、课前

（一）资源中心

云平台的资源中心（图1-1）整合全市的优秀教案、课件、微课等资源来实现区域资源共享，而优质资源的共享是实现区域教育均衡的重要途径之一。

云平台为教师提供了“站内资源”“站外资源”“我的云盘”三大模块。“站内资源”指云平台内的资源，目前资源数共计172900个；“站外资源”指云平台外的资源，

* 作者系昆山市教师发展网络管理平台教师

是以链接的形式呈现的资源，目前共计 1660 个；“我的云盘”是提供给教师的个人存储空间。

图1-1：资源中心

教师可以按照资源名称或者文件类型来搜索资源，可以根据资源点击排行看到热门资源，可以根据关注人（同事或者其他同学科教师）的分享来看与自己相关的资源。此外，平台还会根据教师的浏览记录推送“你可能喜欢的”资源给老师。以上所有资源均可在教师个性化筛选后放到“我的收藏”中以方便教师更快捷地找到自己所需的资源。

（二）在线备课

云平台的在线备课是调研分析部分学校已用的校本备课平台后，根据备课需求建立起来的全市统一备课模版，包含校级和区域两种在线备课形式。

基于云平台的在线备课是有范本、有特色、能资源共享的。以校级在线备课（图 1-2）为例，教师先在平台里创建好教研组相对统一的教学计划，再结合自身特点完成“我的新课”，之后教案会同时呈现在“我的教案”和“本校教案”栏目下。该过程实现了校级资源标准一致、内容共享，备课过程中教师可直接使用教材配套的“凤凰资源”和自主开发的 6718 个微课资源。

图1-2：校级在线备课

区域在线备课（图 1-3）是云平台的一个创新之处。利用平台整合区域相关教师共同研讨完善备课，缩小城乡间教育差异，实现区域教师之间思维的碰撞，且不太受距离、时间限制，所有参与教师只要在规定时间段内完成即可。

图1-3：区域在线备课

（三）课前练习

云平台的在线作业（图 1-4）能够为教师提供有关课堂教学重难点的课前预设题目，并将之发送给学生预习。教师可以在学生作答反馈后利用平台的批阅功能汇总答案，快速得到精准的学情分析结果，从而有充分时间完成二次备课，为下一步课堂教学提供有效的保障。

图1-4：在线作业

云平台的上述三大模块能够为教师提供大量的学科资源、新颖的备课形式、准确的学情分析，把智慧教育落实到课前。

二、课中

（一）精准教学

教师利用云平台提供的区域版智慧课堂，通过三个方面来实现精准教学。

1. 反馈课前练习，落实教学重难点

课堂教学开始前，教师可根据平台批阅课前练习的结果，通过云平台的数据分析了解全班学生对教学重难点的预习情况，在上课的过程中着重讲授学生错误率高的知识点。到课堂教学的最后，教师可再次推送练习以巩固学生对教学重难点的掌握，云平台能及时产生结果为教师布置课后作业提供依据。

2. 关注课堂进程，做到及时反馈

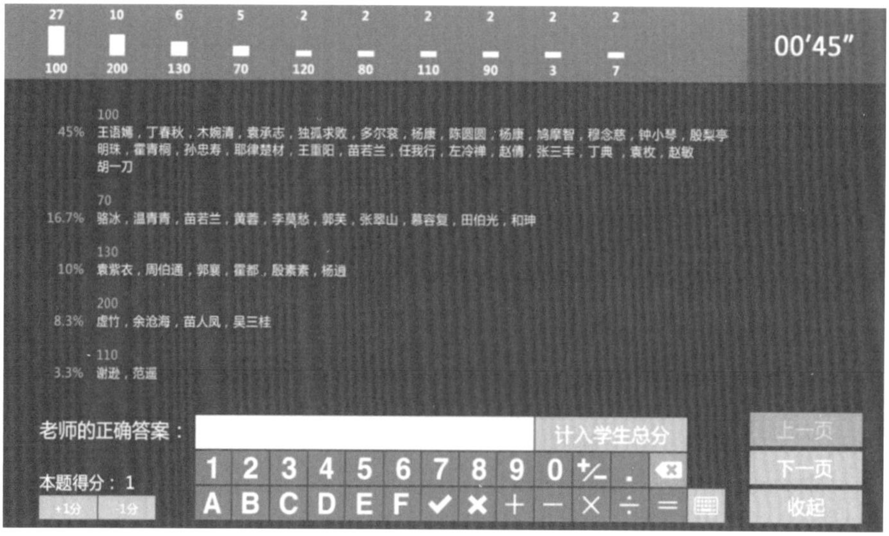

图2-1：及时反馈

在课堂教学进程中，利用云平台的及时反馈（图 2-1）功能，教师能及时了解所有学生的答题参与度、准确率并控制答题进度，当答案提交完毕后，系统自动进行统计，教师可当场掌握题目回答状况，及时帮助学生巩固知识点并针对问题点随时调整授课节奏，掌握主动。通过这个教学环节，教师剔除了教学死角，解决了传统教学中学生对知识点未能及时掌握，造成问题不断累积而无法及时发现并解决的问题。

3. 保留教学流程，方便课后分析

云平台对学生所有的学习活动进行记录并提供查询，包含教材、作业、练习题、测验等，为下一步大数据分析应用打下基础。老师在课后除了可以通过以上内容分析学生知识掌握情况外，还可以将之作为下一节课或者单元练习的依据。

（二）课堂直播

云平台能实现互联网课堂直播，让更多的教师一起参与到课堂教学中。电脑端的教师可以以小组为单位观看课堂直播（图 2-2），从而拓宽教研的广度，打破现场教研的时空限制，有利于提高区域教师教学的整体水平。教师在课堂直播的时间段正好无法观看时，云平台还为教师提供了课堂回看（图 2-3）功能。

图2-2：课堂直播

图2-3：课堂回看

云平台的上述两个功能利用大数据分析达到课堂教学的及时精准，拓展了课堂教学的深度和广度，把智慧教育贯彻到整个课堂中。

三、课后

（一）数据分析

云平台通过对学生练习数据（涵盖主观题和客观题，文字题和语音题等）进行采集与分析，大大节约了教师批改分析学情的时间，帮助教师精准掌握了班级和每个学生的练习情况，真正实现了因材施教。

（二）课后练习

利用云平台的课后练习功能（包括出题和出卷的功能），最大的好处就是教师不用再凭借自己对学生掌握知识情况的了解复制粘贴完成出题了，而是可直接利用平台的出题和出卷功能给学生推送题目和试卷。

出题是教师按云平台提供的章节、目录、知识点、题型、难度等维度来完成的。出好的题目会全部在云平台上公开以实现资源共享，教师可以按照一定的方式搜索到所需的作业。目前云平台拥有的中小学试题库试题有近 500000 道。

出卷是指教师按云平台提供的知识点等条件进行选题。教师可利用系统提供的学生共性错题，针对薄弱项，让系统自动选题；也可结合自己的教学经验调整、完善题目，最终使试卷更加符合学生的实际学情。

（三）课堂展示

云平台为全市教师提供优秀的课堂展示资源（图 3）。教师可多次随时观看共享视频，通过对其他教师视频的学习，梳理、完善、提高自身的教学。目前排名前三的视频分别被播放 14651、10730、9319 次，这证明课堂展示对教师教育教学有借鉴作用，是获教师认可的内容。

图 3：课堂展示

云平台的以上模块对练习进行数据采集、分析产生智能题库，同时对课堂教学经验进行区域性推广，使智慧教育延伸到课后。

综上所述，依托云平台的区域化大数据，教师可以进行精准教学，提高教学效率，提升教学效果，实现课前、课中、课后的智慧教育，把智慧教育真正落到实处。

依托智慧教育云平台，构建智慧教育新未来

——以苏州市吴中区为例

□ 胡晓琴*

【摘要】随着信息化进程的高速发展，中小学信息化建设和应用工作已经全面走向以云计算、大数据、物联网、移动互联、人工智能为特征的智慧校园形态，然而基础设施、管理体系、环境机制、优质资源等的不足仍制约着智慧校园的发展。本文以吴中智慧教育云平台为例，分析了智慧教育云平台的建设背景和实践应用，分别从依托云平台的教育管理、教研活动、学生学习和资源建设四个方面进行详细阐述。

【关键词】云平台；智慧校园；创新；管理；教学；资源

一、智慧教育云平台建设背景

随着信息化的高速发展，大部分的地区和学校都已完成了“三通两平台”的建设，中小学信息化建设已全面走向运用云计算、物联网、大数据、移动互联、人工智能等新技术的智慧校园形态。目标是营造网络化、数字化、个性化、终身化的智慧环境，不断扩大优质资源的覆盖面，推进信息技术与教育教学、教学管理的深度融合，提高学生信息素养、创新思维和实践能力，提高教师教育质量和教学水平。江苏省教育厅公布的智慧校园建设要求中，在智慧教学、智慧管理、智慧服务等方面都对智慧教育云平台提出了明确的要求。

* 作者系苏州市吴中区教育技术中心教师

然而信息孤立不互通、优质资源短缺不能共享、信息安全没有保障等现状制约了智慧校园的发展，创建一个能实现基础数据互通、统一身份认证、教育信息协同、优质资源共享等功能的智慧教育云平台势在必行。

教育局、各业务部门、各学校都有各自迫切的诉求。如目前使用的OA系统各部门分散，学校与教育局完全处于隔离的状态，收发文的平台和管理平台相对独立，录入耗时耗力，无法通过检索方式进行查找，档案失去了价值；数字资源无法统一管理；缺乏对学生成绩的分析、绿色评价等相关高阶数据分析系统；学校资源建设标准不统一，资源分散，无法共享……这些现实的问题都需要一个综合性的智慧教育云平台来解决。

因此，为落实智慧校园的建设要求，结合“智慧吴中”的项目要求，吴中区建设了学生自主学习平台、教师网上研修平台、教育管理平台、家长服务平台及社区教育平台“五位一体”的基础支撑平台（图1），涵盖了云媒体、云研务、云教务、云政务、云门户、云学务的所有功能。智慧校园的建设要坚持以问题为导向，以应用为核心，从学校发展、师生发展、教育改革发展的实际需求出发，统筹规划、融合创新，要聚焦教育改革过程中困扰教学和管理的核心问题和难点问题，以创新促发展。因此吴中智慧教育云平台在完成基础数据库的基础上，重点打造了几个特色平台的应用，以努力实现教育管理、教学方式、学生学习方式的新转变。

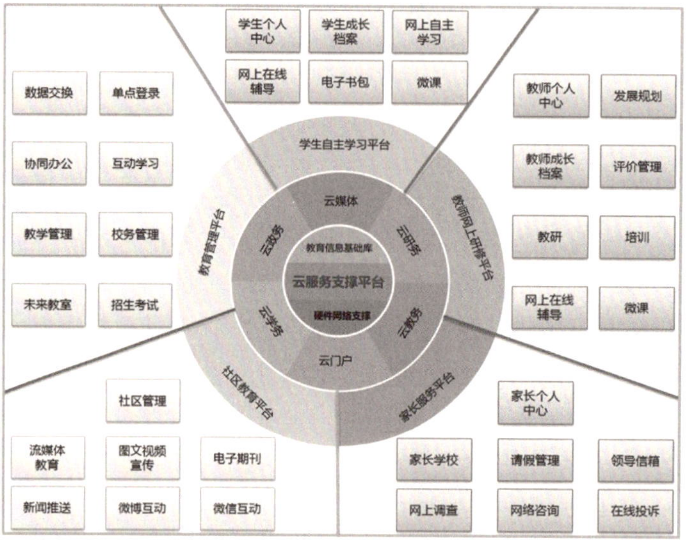

图1：“五位一体”综合教育数字化系统

二、依托智慧教育云平台，打通教育管理新通道

（一）OA 系统

数据是支撑平台的根本，是打通平台的密码，因此在规划智慧教育云平台时首先考虑的是能实现全区教育用户的统一认证和单点登录。

OA 系统是日常运作和管理使用频率最高的应用系统，OA 系统使各类文档实现电子化，通过电子文件柜的形式实现对文档的保管，按权限进行使用和共享。解决了教育局和学校之间以及学校内部文件流转不通的难题，也解决了人工查找、归类文件的难题。全区的教师都可以通过统一身份认证单点登录，教育局与学校、学校内部构成了一个大 OA 与小 OA 有机结合的良性闭环。实现了自上而下的精细化管理，实现了各级教育管理信息的互通互联，各类数据汇总分析，提高了管理效率和水平。

（二）网站集约化平台

学校网站是学校对外宣传和沟通的重要窗口，在学校发展中起着至关重要的作用。随着网络安全形势的不断严峻和数据互联互通要求的不断提高，网站集约化建设成为学校网站改良的必然途径。因此，吴中区在智慧教育云平台的应用中毫不犹豫地加入了网站集约化平台建设项目，将网络安全放在头等重要的位置。以“统一平台”“统一数据中心”“统一安全架构”为目标，由平台封闭、信息封闭、安全缺失走向平台整合、数据互通、信息安全，通过数据中心的共享和引用实现各站点的数据互联互通。

另外，为保障网络安全和信息安全，在机制方面，区教育局修订并下发了《吴中区教育系统网络与信息安全管理办法》，并和学校签订了安全责任书。各校按要求成立了网络与信息安全领导小组和工作小组，落实了信息安全制度建设，健全了与网络安全相关的规章制度。在技术方面，根据信息系统等级保护要求，吴中区教育城域网在 2018 年内完成了私有云网络安全环境建设工作，网站防火墙、病毒防火墙、网络入侵防御、数据库审计等安全设备已经上线运行。同时吴中区上网行为管理系统也完成了升级改造，中心端升级为行为感知系统，系统能对用户行为特征进行深度建模分析，有效维护了网络意识形态安全。网络安全设备的全面部署，有力保障了吴中教育城域网的运行安全。

三、依托智慧校园云平台，开辟课程建设新阵地

当前中小学综合实践活动课程多为集中实体式学习，缺少课前导学和课后拓展，在学校设定的课时内无法较好地完成教学既定目标，物联网、移动互联网、云计算、大数据等信息技术为解决以上问题提供了很大的空间，创造了无限可能。吴中区打造了智慧

生态教育学习平台（图 2），依据“互联网 +”的思维，以“中小学综合实践活动”与“虚实融合环境”为目标领域，借助互联网、物联网技术搭建跨区域的综合实践学习、交流、共享平台，实现基地、学校、活动、学科的互通与融合，开辟了综合实践活动课程的新阵地。

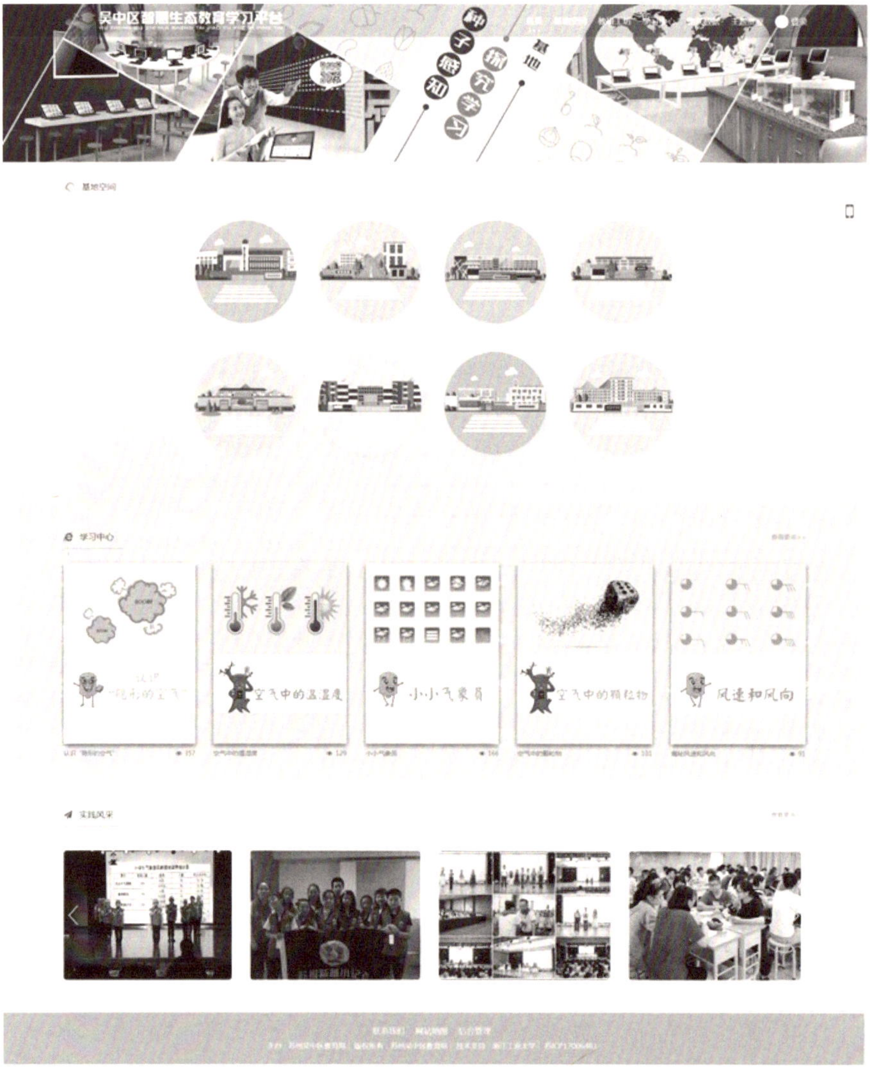

图2：智慧生态教育学习平台

智慧生态教育学习平台包括基地空间、教研工坊、学习中心、物联数据、主题资源等板块，拥有 1 个基地，7 个示范点和 9 个项目学校，可以跨平台使用电脑、平板、手机等多种信息化设备对云平台进行访问。平台的数据可实现自动采集、远程输入、自动分析，为不同学校的对比观察研究提供了智能的方法和手段。学习资源可以引导学生进行课前导学和课后拓展，学生可以随时上传自己的学习作品，开展远程在线观测、在线学习、研究日记、展示探究成果等综合实践活动。

结合物联网数据，我们还开发了包括“黄瓜宝宝生长记”“小小气象员”“空气中的温湿度”在内的 18 个课程。以立体书的形式，实现文字、图片、动画、音频、视频、文档、课件等资源的多终端、全媒体展示。课程内容与基地部署的传感器设备、物联网智能云网关等相关设备对接，支持课程相关数据的采集、传输和整合。

平台的搭建突破了时空的约束，将自然的细微变化展示在互联网平台上，帮助学生实现随时随地的观察。建立了“基地 + 学校”的模式，打破了传统教学的时空限制，将短期的实践课程加以延伸，实现了实践课程与学科课程的双向过渡，增加实践活动课程探究的深度。

四、依托智慧教育云平台，实现学生自主学习新方式

智慧教育云平台（图 3）为师生提供了互动课堂、直播课程、点播课程等学习资源，构建了课前、课中、课后完整的信息化学习体系，为学校开展信息技术与课程深度融合的教学活动提供了有效保障，为学生实现智慧化自主学习提供了新方式。

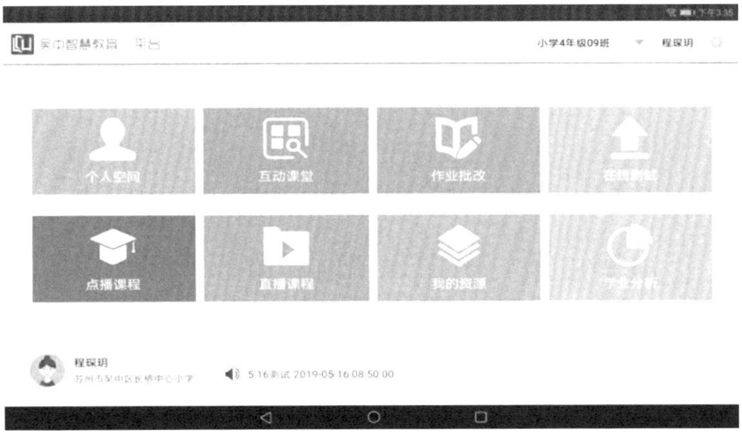

图 3：智慧教育云平台

课前环节，平台提供课程相关的微课视频、学习任务单、课程资料等学习支撑资源，学生通过自主学习掌握教师布置的课前学习内容，同时学生可以在学习期间记录课程笔记，在讨论区进行交流，完成教师预设的阶段测试，为教师的课堂教学提供学情数据。

课中环节，平台提供移动学习端，增强课堂教学中的师生互动和即时反馈。教师可以点名，进行点对点提问，发送课堂小练习，形成即时反馈等。

课后环节，平台提供直播课程和在线测试，巩固课堂教学成果。学生可以根据自己的在线测试和自我评价结果，对相关的教学内容进行视频回看，不断查漏补缺，提高学习成绩。

五、依托智慧教育云平台，优化“平台 + 资源”服务新模式

智慧校园的建设要求明确提出要从资源的开发、应用、共享三个方面做好优质资源的共建共享。在资源开发方面，吴中区主要采用精品采购、订制开发并结合本地共建的方式构建大资源服务体系。

精品采购主要是优先选用用户使用范围广、使用频率高的综合性或多学科的数字资源，选择具有出版资质的优秀供应商，并对供应商进行质量评价、满意度分析、价值评估，选择成本效益合理的产品和服务。目前我们引进了中国名师微课网、中国知网、人大复印报刊资料、中小学数字图书等合作方，为师生提供了优质的教科研资源，满足了教师的专业发展需求。

订制开发是根据数字资源建设现状和教育学的实际需求自主策划选题，遴选行业内权威资源研发单位参与建设，本开发方式主要是建设专题型资源。目前计划订制的资源包括日常主题教育、主题班会活动、班主任工作和家长学校方面的资源。

本地共建是通过在区域内开展“晒”课、资源征集等活动，鼓励教师结合当地实际情况开展原生态的数字资源建设，鼓励师生充分利用优质教育教学资源，在应用中提出建设性的意见，逐步打造优质的、适用性强的区本资源。我们自建了中小学教学资源网、吴中教育微课资源网等，将优秀教师的优质资源放在吴中智慧教育云平台，所有区内的教师都可以资源共享。

在应用和共享方面，主要采用“平台 + 资源”服务模式，依托吴中智慧教育云平台，汇聚整合教研、科研、文化等资源，构建互联互通、开放共享、协同服务的数字教育大资源服务体系。

六、智慧教育云平台建设展望

吴中智慧教育云平台的建设和应用虽然已初见成效，改变了教师教、学生学、课上讲、课后练的单一传统模式；满足了学生主动的、选择性的、个性化的需求和教师针对性的辅导需求；实现了学校高效的、精细化的、智能化的管理；推动了信息技术与教育教学的全面深度融合，但是在实际的推进过程中也存在着教师安于现状不愿意尝试新的教学模式、平台运维缺乏机制和资金保障、现有应用不能满足现有需求等问题。

今后，我们将有效地利用人工智能、云计算、物联网等新一代信息技术，构建基于新一代信息技术的新型教育教学模式、教育服务供给方式、教育治理模式，结合智慧校园的建设和应用理念与实践，探索智慧教育云平台在未来课堂、未来学校的新应用，以点带面，示范引领，形成创新性、示范性的应用案例，充分发挥示范辐射作用，实现数字化教学覆盖全体教师，泛在学习覆盖全体适龄学生，师生信息化素养和信息化应用水平普遍提高，推动吴中区中小学智慧校园建设水平的整体提高。

【参考文献】

1. 梁为．深圳市中小学智慧校园建设与应用实践 [J]．教育信息技术，2015(7):135-137.
2. 彭雪涛，梁卓明等．基于微服务的中小学智慧校园云平台设计 [J]．教育信息技术，2018(9):9-13.

关于区域云教育发展的思考

□ 环天琦[*]　罗　星[**]　朱澄妍[***]

【摘要】云计算在教育领域的应用使得教师、学生、管理者参与教育教学活动的方式发生了深刻的变革。在云教育平台上，参与者、学习资源、教学活动、教育管理活动等共同构成了一个完整的生态环境。相比于传统的教育模式，云教育平台的资源更丰富、交互更及时、教学方式更多样、教学管理更高效。本文围绕区域云教育的未来发展进行了思考，首先概述了信息化背景下云教育的概念和内涵，并对云教育的发展现状进行了分析；其次从不同角度论述了云教育对日常教学的意义；最后指出了云教育平台建设的要点和难点，并探索了未来云教育的发展方向和应用途径。

【关键词】云计算；信息化；区域云教育

一、引言

21世纪初以来，计算机和互联网飞速发展，催生了一系列新兴技术，“大数据”“人工智能”“互联网+”等概念无一不宣告着智能时代的来临。在此背景下，单一、低效、落后的传统教育模式必然会被淘汰，时代环境促使教育领域进行改革，整合各项资源，实现教育资源共享，创新多能、高效、先进的“互联网+教育”模式。因此，云教育应运而生。

云教育的核心就是云计算技术。云计算具有提供弹性服务、资源池化、按需服务、服

* 作者系苏州市相城区教育发展中心教师
** 作者系苏州市相城区教育发展中心教育信息与技术装备室主任
*** 作者系苏州高新区教育发展中心教师

务可计费、泛在接入五大主要特征。它是一个完整的生态系统，涵盖了从提供基础设施到发展环境的所有步骤。云计算在教育领域的深度应用，是教育信息化未来发展的主要趋势，它将显著加快信息技术促进教育变革的进程，为教育教学和教育管理带来新一轮变革。

云教育包含了云培训中的教育培训管理信息系统、远程教育培训系统和培训机构网站，属于大型教育平台，涉及技术领域。在云教育平台上，所有的教育机构、培训机构、招生服务机构、管理机构等都被集中整合成资源池，各项资源相互展示，共享教育资源，按需交流，分享教育成果，从而降低教育成本，提高效率。云教育平台为学校及学校管理者提供了从日常工作管理、学籍管理到教学教务管理的一系列服务，我们可以申请使用与教育教学相关的一切软硬件计算机资源和服务。同时，任何学校、学生、教师和研究人员、学校管理人员等都是云教育平台的使用者和维护者，对云教育平台的维护发挥着重要的作用。

二、云教育的发展现状

云计算首先被应用于大型互联网公司和电商企业。其后，清华大学与谷歌公司合作，开展了云计算技术的推广计划，通过建设基于云计算的教学网络平台，加强教育和云计算技术的联系；中国电信、华为等众多企业与高校合作开发云教育平台项目，扩大优质教育资源的覆盖面，推进教育公平。此外，国家在云教育的试点中，推出了课堂教学资源的共建共享以及电子书包、双课堂教学应用等云教育方案。

2010 年，云未科技公司开发了全球第一个专用于教育领域的云计算应用平台——云教育网，提供一站式的教学组织与管理服务；2013 年，网易公司上线网易云课堂 App，打造了一个在线实用技能学习平台，主要为学习者提供海量、优质的课程，使用户可以根据自身的学习程度，自主安排学习进度；2016 年，北京奥鹏公司开发了互联网 IT 技能免费学习网站——慕课网，为在校学生、职场白领提供了一个迅速提升技能、共同分享进步的学习平台，添加了个性化学习视频推荐功能。

目前，很多高校都搭建了自己的教育信息服务平台，为教学提供服务。很多教育机构、互联网企业也开始研发和推广自己的教学平台。但是在中小学的区域云教育平台建设和开发上，多数地区处于迟缓状态，需要加快整合教育资源，推动云教育平台建设，促进高效教学和管理的进行。

三、云教育的积极意义

云教育促进资源分布均衡。云端的学习资源是云教育生态中的重要组成部分，是各种教学活动的基础。教育资源可由教学参与者共同创建，然后存储在云端。海量的学习资源如教学视频、课件、教育软件等都被存储在云端，可供教师、学生、家长等随时访问和获取。云教育打破了学习资源量的限制，也突破了教育资源的空间限制，教师、学生甚至家长都可以制作学习资源，并通过特定机制分享，这使得身处偏远地区的人也能获得优质教学资源，有利于教育资源的均衡分布。在国家大力推动东西部资源互补、促进教育公平的背景下，云教育平台的出现无疑有利于教育的均衡发展。

云教育促进资源快速更新。在传统的教育模式中，教案、课件等教育资源长期一成不变，内容缺乏创新，导致学生的课堂兴趣不高，课后学习的参与力度也不够。但在云教育环境中，各种新型教学模式如翻转课堂、探究学习等不断出现，课堂内外、正式与非正式学习互相补充配合，形成了有机统一体。另外，智能化的学习评估系统能够精准地采集、分析教学活动中产生的各项信息，促使教学者及时更新教育资源以满足平台其他参与者的需求，从而优化后续的教育教学活动，使其更加具有针对性和高效性。

云教育促进资源共享。云教育生态下，学生、教师、家长和教育管理者都属于教学活动的参与主体。利用云平台、移动互联网技术，他们之间可以直接进行信息交互而不受时间和空间的限制，同时他们也可以向他人共享资源。比如：教育管理者可以通过云教育平台发布招聘面试等信息，组织校际网络教研等；学生、家长能及时查询相应学校的教育管理信息，自主了解学校情况；教师间能够共享教学方案，互相学习，提高教学能力。云教育平台能够充分发挥每类主体的主观能动性，共享资源，使得教育教学成果可以惠及每个主体，形成良性循环。

云教育降低教育成本。云教育平台整合了各项资源，并将资源存储在云端，其可扩展性和通用性较强，无须更换设备即可进行访问。此外，学校可通过云教育平台向师生发布信息，并能及时得到反馈，这样既降低了管理成本又提高了沟通效率。而且从区域教育行政部门角度来讲，可以为区域内的学校集中租用云服务，以减少重复投资，提高信息资源的利用率，也降低了教育成本。

总的来说，云教育打破了传统的教育信息化边界，推出了全新的资源集约化概念，让教育部门、学校、教师、学生、家长成为平台的建设者和维护者，在未来将对区域的教育信息化建设产生深远的影响。

四、云教育的未来发展

云教育平台的构建主要分为四大模块：参与主体、云端学习资源、教学活动、教育管理。参与主体主要包括管理者、教师、学生、家长；云端学习资源主要包括视频、微课、电子书、学习软件、教育游戏等；教学活动主要包括课堂教学、课外教学、学习评估、协同教研等；教育管理主要包括信息发布、公文传送、工作指引、校园安全等方面。

云端学习资源的更新和维护是由所有参与主体共同完成，教学活动方面主要由教师负责，而教育管理方面则主要由管理者完成。

当前关于云教育推广的难点在于：缺乏统一的管理标准和可持续发展机制。目前多数区域建设的云教育平台都是自成一派，区域间难以实现联通，无法共享资源，形成优势互补，同时，云教育平台建设不久就弃置一旁的现象也屡见不鲜。因此，在未来，教育部门应该制定专门针对云教育平台的建设和管理标准，统一管理，以实现各区域间平台的资源移植和共享，形成自下而上的联通网络，使管理更加高效。此外，也应加大对云教育的宣传和对参与者的培训工作，让参与者对新技术有更多的了解，使其在实际体验中体会云教育带来的好处和乐趣，如此才能推动云教育平台的可持续发展。

未来云教育的发展方向可参照以下几个方面：

1. 建设大规模共享教育资源库。利用云存储技术建立一个大型数据库，将所有与教学相关的视频、教案、试卷及答案、电子课本等资源直接上传至数据库，统一管理。同时设置指定账号共享资源，避免教育资源的泄露，保证数据安全。

2. 构建新型图书馆。建立一个图书管理系统，实现预约、借书、还书一站式服务。读者可以提前在平台上预约，成功后去线下图书馆取书，省去了冗余的人工服务。如果想借阅的书出现缺货情况，可选择直接在新型图书管理系统中阅读电子书。此外，系统还可根据读者的阅读记录作出个性化推荐，推荐与读者兴趣相关的图书。

3. 创建网络学习平台。对于课堂外的学习，该平台为师生之间、学生之间、老师之间提供了在线交流互动的机会。针对课堂上的疑问，学生可以在线请专业老师答疑，也可以与同学进行线上交流。此外，老师亦可在线交流教学方法，观摩别人的教学视频，提升自我。

五、总结与展望

基于云计算的教育服务平台市场前景广阔，潜力巨大，为教育参与者提供了高效、全面、均衡、公平的服务。在教育城域网的基础上，云教育实现了资源共享，是教育深度整合、创新教育模式的体现。其不仅可以解决大数据存储问题，还可以消除信息孤岛，实现资源整合和共享，灵活应对未来发展的需求。

推广区域云教育是大势所趋，是顺应时代发展的需要，是促进基础教育创新转型的必然要求。未来各区域应着力构建云教育平台，实现教育资源共享，提高教育教学效果以及教育治理水平，促进教师专业成长，促进学生全面发展。随着云教育的规模化、常态化、深层次化应用，云教育将会对教育产生革命性影响。

智慧教育促进区域教育发展的实践与探索

□ 凌秋虹*

一、建设意义

智慧教育是智慧姑苏的项目之一，它从教、考、管、评四大方面进行数据分析，对区、校、师、生四个版块进行分层管理，改善原有设计的单个模块无法实现数据之间汇聚、分析不全面等问题，让大数据成为推动教学创新、关注学生成长监测与个性化发展、提升学校智能管理能力以及进行区域教育全方位质量监测与评价的重要支撑。实现信息技术与教育管理、教学过程的有效融合，探索信息化条件下的新型教育教学模式，从而提升整个区域教育水平，实现用数据擦亮姑苏教育品牌，推动区域教育高质量发展，以实际行动争创“国家教育大数据应用示范区”的目标。

二、建设路径

智慧教育项目建设路径采用“整体规划、分段实施、统筹协调总分总”的结构进行推进。

（一）完善组织架构

我委在智慧姑苏整体框架下，正式发文成立“姑苏区网络安全和教育信息化工作领导小组”。领导小组由教体文旅委的主要领导任组长，机关教育各处室、教师发展中心、各学校主要领导参与其中，负责研究确定有关智慧教育项目建设运用的重大问题。同时发布了《“姑苏教育云”（智慧教育）建设管理实施规范》，对智慧教育七大系统及硬件建设（学生信息管理系统、教师人事管理系统、教育协同管理系统、智能互动学习平台、

* 作者系苏州市姑苏区教师发展中心教研员

学生社会实践写实管理系统、智能学业综合分析系统、学校发展综合评价系统、云视频直播服务）的设计、开发、变更、培训、推广、应用、维护等系统实施的全过程进行规范与管控。

（二）分设管理小组

根据智慧教育不同业务系统分设“建设管理小组”，由各系统业务主体部门、支持部门（协作单位）、承建方（承建单位）和各实验学校的主要负责人构成。形成以业务系统主要使用者为引领，以解决实际需求为主要目的的团队，切实将各业务系统建设深入到工作实践第一线。

（三）分段整体实施

以“建设管理小组”为抓手，智慧教育项目实施通过两轮需求调研、功能确认、开发建设四个阶段七大系统同步推进，保证整体项目进度统一，充分有效地统筹各系统数据资源，实现系统之间的通联，在实现智慧教育上形成一致步调。

三、整体架构

经过前期建设，我委以维护区域智慧教育的健康、可持续发展为需求，以构建和谐的教育信息化生态系统为总体建设目标，以“业务产生数据，数据驱动应用”为主旨，以“横向打通，纵向汇聚”为主要推进策略，通过智慧“教育云”教育生态服务体系，架构起全区各类教育业务的全人员、全业务、全过程、全生命周期信息化管理系统。现已基本完成姑苏区基础数据库及交换平台、云服务支撑平台、人人通空间、研训协同系统、学生质量监测平台、教育教学资源管理、智慧教育移动互联网应用等十四大内容建设任务，实现人事、学生、教务和业务数据的互通互联，形成区域数据一张网，和谐的智慧教育生态系统已初步形成。

四、成果小结

姑苏区智慧教育是姑苏区响应国家教育部发布的《教育信息化 2.0 行动计划》等相关文件精神，探索教育大数据实践与应用的重点项目。通过全面采集区域、学校、教师和学生在教、考、管、评四大方面海量的第一手数据，为各系统平台提供“养分”；通过过程性资料积累、分析与挖掘，实现数据的融会贯通，将教育教学从非量化向量化转变，从单一性向综合性转变，从经验式向创新式转变，最终形成以问题为导向的科学管、精准教、个性学新模式，全面服务于姑苏教育，为促进区域教育公平，提高教育质量持续供能。

（一）学会用数据说话，科学评价监测，是教育转型升级的有效方略

建设“学业综合分析系统”，用以检测学生各学科学业的个性化掌握情况；从知识、技能、能力、方法等多维度诊断学生长短板、优劣势，监测学生各科学业的掌握状况，甄别学生跨学科综合学业状况及素质倾向。全对象、全学科、全维度，用数据说话，实现精准解析，预测学生学业发展潜能，助力学生综合能力成长。目前，整体系统已经基本完成了各项软硬件基础建设，对语文、数学、英语、科学四学科的知识图谱已经做了进一步完善，实现了目标内容的区域本土化呈现，充分体现了“姑苏特质”和“姑苏目标”。系统内部已经形成一整套供学业训练与监测用的题库，二期题库也正在研发之中。

通过项目实施，姑苏教育获得了一定量的基础数据和阶段性的研究成果，能够初步从区域维度分析整个区域的学业质量情况，如学生成绩总体分布情况、学业成绩变化情况、学业成绩发展趋势，并依据绿色指标对各学校不同学科的学业质量进行对比分析等。各学科能够通过对区域大数据进行分析和诊断，发现区域学业质量问题所在。各学科还能够对区域相关学业情况进行归因分析，分析影响学业成绩大数据的因素或方面。初步建立基于大数据所开展的学生评价机制、方式方法等，初步形成基于大数据所开展的教学管理改革与提升的相关策略。

（二）学生数据写实，云端助力成长，是教育质量提升的有效途径

随着数字化应用和技术在课堂与生活中的不断深入，学生的成长正逐渐以数字化方式沉淀。云端通过对学生成长全过程数据的真实捕捉与记录，形成阶段性成长写实报告，向学生提供海量数字化学习资源，从而积累大量的数据，最终将学生的成长轨迹进行深入刻画，实现对每个学生的个性写实，为学生的全面发展提供数据指导，全方位提升区域教育教学质量。

1. 丰富云端活动

在云计算、大数据、人工智能等新技术广泛应用的背景下，我委始终坚持“培养智慧人，启迪人智慧”的培养目标，不断将“3D 打印”“开源硬件”“电子积木”等前沿新技术引入课堂，每年举办“姑苏娃每周编程创作一小时”“姑苏创客嘉年华”等活动，提升学生程序设计素养、媒体创作能力，并以云方式进行交流分享。现姑苏教育云平台中已上传学生作品达四万余个，让学生不出教室就能够与全区师生互相学习，在创作之余感受到成功与分享的快乐。

2. 智能互动学习

我委借力于华中师范大学优秀团队之力量，以“姑苏教育云”为载体，搭建“智能互动学习平台”，为教师提供微课、教案、试题库等优质资源库，提供“区域共享、高效检索、一键应用”的便捷备课模式和高效直观的学生知识掌握情况分析，为教师轻松实现翻转课堂提供支撑，为学生提供结构化预习工具，并将教师课前备课准备、上课学习互动、课堂表现分析贯穿在一起，实现学习环境课前课后一体化。目前已经实现了平台数据对接和本地化部署。下一阶段通过数字资源的补充和完善将为全区师生提供持续、自主的在线学习，让学生的学习不仅限于课堂，实现随时随地能够获取知识、进行班级资源共享、分享学习过程的目标。

3. 学生个人写实

随着姑苏智慧教育的不断发展，育人为本的教育思想也在逐渐地深入人心。这要求教育工作者不仅要关注学生的当前发展，还要关注其长远发展，更要关注其全面发展。我委搭建“学生社会实践写实系统”，汇聚亲子陪伴、课外活动管理、体质健康、社会实践、社团经历、学生特长、志愿活动等模块，全方位呈现学生综合素养，每学期形成学生综合素质报告，可通过 PC 端和移动端同步记录和查看，为学生的成长过程提供更全面的记录，为学生的全面发展提供准确的数据呈现。

（三）实现数据流转，把握学校发展态势，是教育管理深入的有效手段

为建设完备的工作流引擎，实现姑苏区教育系统内公文流转、信息交换、流程审批等的区域性无纸化现代办公，实现教育管理的工作流程化管理，我委建设“教育协同管理平台”，融合流程处理中心、数据填报、公文管理、请假、审批、数据统计管理等于一体，面向教育处、学校、教师的办公服务平台，节省大量资源投入，实现数据融通。

学校发展是教育管理的重要抓手，建设“学校综合发展评价系统”有助于直观反映学校办学管理过程中的优势和不足，优化学校教育管理，整体提升学校办学水平。从学校发展水平考评、学校教师综合考评、学校学生综合考评以及内、外满意度调查这五个维度形成学校的综合发展指数报表，通过网络填报，减轻学校材料准备负担，记录学校历史性数据，生成区域学校评价数据，为纵向比较学校发展水平、横向比较学校差异提供准确数据。

（四）通过大数据分析，明晰区域发展趋势，是教育决策精准的有效辅助

随着“姑苏教育云”平台的广泛使用，平台中逐步积累了大量的数据。全方位捕捉

与评估云平台生成数据，通过科学模型对学生学业质量、教师教学行为、资源应用取向等方面进行分析与研究，实现精细化、智能化的教育管理和决策，掌握用数据说话的科学评价观，有利于逐步推进姑苏教育向智能化、科学化转型升级。

1. 学业质量分析

通过学业质量检测系统，统计学生绿色达标质量评测成绩，并对结果按题目、模块、班级、科目等进行多维度的自动化统计分析，形成对校、对师、对生、对题的综合评价，便于管理部门更为科学直观地分析质量，寻找差异原因，从而实现调整教研重心、改进教学模式的目标。同时智能化的评价分析系统能够为今后的智能题库、智能资源动态推送奠定基础。通过数据挖掘、趋势研判、轨迹跟踪等手段加强对于生成数据的监测与分析，还能为全区教育管理和决策提供科学依据。

2. 学科教师分布

以教师人事管理系统为基础，基于人事管理部门的管理需求，智能统计各学校教师的年龄、学科、骨干结构分布情况，适时地为教师调动、区域均衡做出必要的决策参考，进而实现对于区域教师人数的实时动态统计以及模拟调动后的数据比较分析，对区域人事进行科学智能管理。

3. 资源应用分析

作为区域教育云的重要应用，教育资源不再是一个单独的应用模块。随着教师不断地开发、应用、评价，我们通过应用过程数据记录，对资源应用进行全过程的监测与评价，逐步积累优质资源，推送适切资源，淘汰不良资源，使之全面服务于一线常态应用。

总之，姑苏智慧教育以七大应用系统为抓手，在顶层设计上适当前瞻，并确保引进的技术成熟可用，各项建设成果能够可持续发展，以此实现数据共享，进而通过大量的数据沉淀，为后续大数据技术的应用研究和开发提供支撑，为姑苏教育质量的提升持续供能，为擦亮姑苏教育品牌不懈努力。

大数据+教育：为“适合的教育”添动力

□ 赵　卉[*]　肖年志[**]

【摘要】随着时代的发展，教育领域也发生了许多的变革，尤其是教育大数据的引入，对教学模式、评价体系、研究范式、教育决策、教育管理等都产生了革命性的影响。

【关键词】大数据；“适合的教育”

当前，教育大数据研究和应用已经引起国家、政府的高度重视。《教育信息化“十三五”规划》强调积极发挥教育大数据在教育管理平台建设和学习空间应用等方面的重要作用。“十三五”期间，大数据与教育的深度融合已成为必然趋势。园区智慧教育主动对接教育信息化2.0时代，开发建设区域智慧教育“易加”枢纽平台，以大数据促进“适合的教育”的发展。

一、重塑教学模式

传统的教学模式以“教师、教材、课堂”为中心，是工业化时代标准化、规模化生产方式的产物，在课堂上通常都是教师教、学生学，知识单向传授，强调教师的主体地位，这为工业社会发展提供了大规模知识型、技能型人才，但学习者的个性化需求往往被忽略。

如今，随着信息技术的发展，大数据进入了教育领域，我们可以更精细地为师生“画像”，并有针对性地推送教学内容与服务，从而促使教学能够更有效地关注个体，真正

* 作者系苏州工业园区教师发展中心信息化教研员

** 作者系苏州工业园区教师发展中心信息中心主任

实现因材施教，培养出符合信息化时代需求的个性化、创新型人才。园区面向学科特色的“易加互动”及未来“易加学院”的构建，针对学科核心素养，结构化、系统化编制资源体系、课程体系，开发学科及特色微课22000节，覆盖全学科、全章节、全知识点体系。全区教师建设在线学习课程54731个，建设在线作业测验30000余项，构建题库1700000余道，实现“导、学、研、测、评”全流程教学，有效衔接课前、课中、课后的学习活动，支撑全学程教与学，实现了学习内容与空间的开放。易加平台放眼苏州大市，助力苏州市线上教育中心成为2019年政府实事项目，“全天候、全免费、全名师”线上教育，成为面向全社会教育的广告语，呈现出“适合的教育”的新样貌。

二、重构评价体系

提高教育教学质量有多种途径，其中教育评价是有力手段。以往的教育评价仅以成绩为评判标准，而忽略了学生的全面进步和个性发展，不利于学生综合素养的培养。

如今，有了技术创新，用数据说话，理念创新就有了依据。园区依托“易加评价”实施中小学大五星发展评价，构建学生成长的小五星综合评价。自平台上线以来，“易加评价”采集了1000000余份问卷、4000多条监测数据，输出评价报表100多份；“易加分析”实施8轮，输出监测报表30多套，一校一报告、一人一图谱，助力学校精准“改薄”、学生精准学习。真正实现评价的“全对象、全学科、全维度、全过程”，打造“历史性数据、过程化记录、学校看发展、校际观差异、问卷全开放、满意百姓言”的“适合的教育”新样态。

大数据使园区教育评价内容更加丰富多元，评价的对象不再局限于学生的学习成绩，而更加关注其身心健康、学业进步、个性技能、成长体验等方面。评价内容从单一走向多元；评价方式更注重过程性、伴随性；评价手段则从纯粹的试卷转向大数据采集分析系统。有了大数据，使得收集学生的过程性学习数据如学习行为、学习表现、学习习惯等成为可能。通过挖掘分析学生学习的全过程数据，可为学生的自我发展、教师的教学反思、学校的内涵发展等提供基于数据的实证分析支持，有力推进“适合的教育”的新发展。

三、转型研究范式

教育科研是为教育教学实践的不断改进提供科学依据的。传统的教科研活动虽然方法众多，但抽样的方式总是存在一定的局限性，且无法及时完成抽样结果反馈，难以满足教育教学实践日益增长的需求。

随着大数据时代的到来，有了技术的支撑，平台及时准确地收录数据，处理分析，对观察结果进行深层次挖掘。通过数据分析技术发现教育系统中实际存在的问题，比传统研究范式更能准确地评价当前现状，预测未来趋势。

2018年，园区教育局把“大数据促进‘适合的教育’”作为园区开放创新综合试验重点改革任务，并先后成功申报“江苏省基础教育前瞻性教学改革重大项目”“江苏省政策性战略性重大课题”，聚焦“数据驱动”“适合的教育”的实践与研究，聚力“有效教学”“学习革命”，落实相关课题的研究工作。同年4月，园区教育局立足课题研究目标、结合工作实际、积累课题资料，申报省级《区域智慧教育枢纽平台支撑下的“适合的教育”实践研究》并成功立项，完成开题。与此同时，落地建成“智慧教育大数据应用”“智慧教育数字化学习”两大国家级实验室；创建24所“江苏省中小学智慧校园”；征集20余例“基于大数据的学校管理案例”；以“易加数据站”为核心推进智慧教育易加平台三期设计建设。在课题与项目的研究过程中，基于平台数据，实现精准研究，提高园区教育信息化水平，更好地为学生服务。

四、创新教育决策

学习分析与数据挖掘技术的进步使得教育决策更加精确与科学，决策方式从“基于有限个案”向“基于全面数据”转变，从而推动教育决策从经验型、粗放型向智能化、精细化转变。

一方面，学业质量监测促进学生全面发展。园区“基于区域性质量监测的教学评价改革及跟进式教学管理创新的实践研究”项目入选省教育厅重大研究项目，园区先后开展8次中小学生学业质量监测工作，采用“科学的监测维度、规范的监测流程、便捷的数据采集、实证的诊断分析”四项举措，树立科学的教育质量观，推广基于数据的分析方式，引导教学行为跟进式改革，促进学生综合素养的全面提升。

另一方面，学业负担监测助力学生快乐成长。园区教育制定《关于开展义务教育阶段学生学业负担状况监测实施意见》（苏园教〔2015〕18号），并且将高中教育阶段学生也同步纳入监测。园区本着“四大追求”，体现“四大特质”，构建“四大维度、18项要点”的监测体系，实行一年一报告、一校一反馈制度。通过监测，转变学校办学理念，推进轻负高效教学改革，助力学生快乐成长，同时也为区域教育决策提供参考和依据，着力营造区域“适合的教育”的绿色发展新环境。

五、变革教育管理

随着大数据时代的到来，园区智慧教育平台对教育大数据进行深入挖掘和分析。将数据分析的结果融入学校的日常管理与服务之中，是为师生提供智能化与精细化服务的基础。

园区智慧教育平台的大数据让学校行政部门的管理方式达成了多角度的创新——行政精准高效管理、多维多元诊断，推动了学校与学生的全面发展，让教育满意率得到不断提升。学校可以通过基础数据库对教师队伍的大数据进行分析与展现；通过“易加办公”的病情监控模块，可以对当天晨检情况进行汇总；通过 GIS 地图的直观展现，实现学生病情监视；通过综合数据的招生压力图，可以使入学压力精准、可视化。从 2016 年开始，教育局利用招生系统和双月调研数据，制作了学校入学压力海拔图，根据压力的轻重分为四档，红得发紫的就是实际入学超过设计规模 200% 的学校。近三年来，教育局就是利用这张直观的地图，向政府争取教育资源配套，优化学校施教区布点，想尽一切办法为学校减轻入学压力。平台应用的深入推进，提升了教育现代化建设核心竞争力，而教育信息化推动了园区教育从“学有所教”迈向“学有优教”，推动了区域“适合的教育”的优质发展。

大数据已来。未来的时代，我们将深化应用大数据、人工智能、虚拟现实等前沿技术，积极推动园区教育信息化从小资源形态走向大资源整合，从提升应用能力走向提升应用素养，从融合发展走向创新发展，促进教育方式深度变革，推进“适合的教育”发展，努力形成更智慧的教育方式，打造更开放的教育环境，全面提升园区教育现代化水平。

【参考文献】

1. 杨淼淇，孙纳新，柴华．大数据时代教育模式的研究 [J]. 计算机工程与科学，2014(S1):272-273.
2. 张韫．大数据改变教育 [J]. 上海教育，2013(4): 8-11.

基于教育全息地图的管理模式创新

□ 唐 玮[*] 张必华[**]

【摘要】教育全息地图，是教育时空大数据的可视化，具有强大的统计、分析、比较、预警、预测功能，是教育管理创新的工具，能促进教育管理模式的创新，实现教育管理模式从因果性管理向相关性管理转变，从档案式管理向数据式管理转变，从事务式管理向预测性管理转变，从碎片式管理向整体式管理转变。

【关键词】教育全息地图管理模式创新

一、教育全息地图简述

在读图的时代，图对读者来说具有无穷的吸引力。将一些不可见的（如“数据”）通过可视化技术变成图，则是人们追求的创新管理目标。

大数据时代，数据成为昂贵的资源。

在教育管理中，教育大数据崭露头角，对教育大数据进行挖掘、利用与可视化管理，已经成为教育创新管理的必由之路。

在苏州高新区智慧教育时空云平台的建设中，苏州高新区教育局创造性地引入教育全息地图，必将带来教育管理模式的新一轮创新。

“全息”，是一种技术，用于光学储存、重现、处理，它能够多视角捕捉物体的信息。

* 作者系苏州高新区教育发展中心科长

** 作者系苏州高新区教育发展中心主任

本文中的全息，是指通过多种技术的综合，全视角、全要素、全内容、全尺度、全类型、全动态、全属性地捕捉物体的全部信息与特征及其发展水平，并以数据形式加以存储和利用。

教育全息图是对教育大数据的可视化。通过可视化技术，将不可见的教育大数据以图的方式呈现出来，并全面地展示一个区教育发展的特征、水平和治理能力。

教育全息地图，是综合运用计算机图形技术、图像处理技术、现代地图技术、大数据技术和地图元素成果的体现。它能够空间化展示区域教育发展的特征、水平和治理能力，智能化分析——比较过去，预警现在，预测未来，智慧化管理——战略规划，科学决策，数据治教。

教育全息地图具有强大的统计、分析、比较、预警、预测功能，是教育创新管理的工具。

（一）统计

教育全息地图涵盖教育全部数据以及与教育相关的社会数据。分为两类：地理空间数据、时间序列数据。这两类数据时空交融，场景化分类，系统凸显教育发展的特征与规律。高新区教育全息地图共 24 个场景，几乎覆盖教育管理的主要通道。从教育布局到资源分配，从教育教学到教育质量监控，从教育督导到教育综合评估，从学生到教师到家长……在每一个场景中，都涵盖多维数据、实时动态变化、统计数据可视化管理，让人用眼睛看规律、看问题。

（二）分析

教育全息地图是以教育大数据为支撑的教育时空大数据，具有时间序列的特征。通过分析历史数据、现实数据，挖掘数据的教育意义，凸显教育发展的特征、水平和管理能力。特别是通过数据分析，把一些看似不相关的数据，通过场景化实现数据关联，整体反映教育发展态势。

（三）比较

教育全息地图涵盖不同对象的共性教育数据，这些数据反映不同对象的综合教育特征。通过比较，就能整体反映不同对象教育水平的高低，从而提供决策指导。比较分为纵向比较和横向比较。纵向比较，可以看出一个区域教育发展的历史概貌和整体发展水平，也可以看出一个单位的教育发展的历史水平；横向比较，可以看出区域之间、单位之间教育发展的差异性特征，也可以看出不同单位之间教育发展的水平性差异。

（四）预警

基于数据分析结果，并将这一结果与国家标准、省级标准对比，提出警示，为解决问题提供决策依据。预警包括对突发事件的预警、办学过程问题预警、管理过程问题预警、校园环境预警、天气预警、灾害预警等。预警信息包括预警类别、预警级别、起始时间、可能影响范围、警示事项、应采取的措施和发布机关等。

（五）预测

基于历史与现实数据，依照一定的方法和规律对未来的事情进行测算，以预先了解事情发展的过程与结果，进而进行决策和规划。譬如，从区域适龄儿童分布与发展的趋势，可以预测需要在哪儿新建学校及建多少学校、需要新聘多少教师、需要新增多少教学设备。另一方面，随着城市的高速发展，外来人口急剧增加，相应适龄儿童也急剧增加。作为教育主管部门，不仅需要了解本区域内适龄儿童分布与发展趋势，而且需要了解外来人口子女接受教育的需求，尽早决策，做出规划，保证每一个在苏州的适龄儿童在其受教育的时间段内能够上学，并接受优质的教育。

二、教育管理模式创新

教育全息地图，以教育大数据为支撑，是教育创新管理的工具，能促进教育管理模式的创新发展。

（一）从因果性管理向相关性管理转变

因果性管理是教育管理的一种模式，特征是弄清事物存在的理由，即“为什么”，模式是：“因为××××，所以××××。”在教育管理中，管理者习以为常地从因果关系出发，分析判断出现问题的原因，从而指导教育管理行为或做出决策。如在分析学校教学质量时，质量的高低取决于学生的智力水平和教师的教学水平：因为学生智力水平低，所以学校教学质量差，或因为教师教学水平低，所以学校教学质量低。这种管理模式存在一个严重缺陷：因与果之间的联系不一定全面、深刻。按照智力常态分布规律，80% 的人智力水平相当。按照这一规律就没有教不好的学生。教学质量是一个综合数据集。不仅仅取决于学生的智力水平、教师的教学水平，也不仅仅反映为一次次的考试分数，还要看教师的知识储备、品德修养、人格魅力，要让学生“亲其师，信其道”，这样学生才能将教师说的、做的化作自身的学习动力，这样的教师才会影响学生一辈子。此外也不可忽视学生的学习兴趣、学习动力、情感情绪、人品等非智力因素，以及来自家庭的影响、社会的影响等。面对大数据，不可能建立一个个数据之间的因果联系，因此，必须构建一种新的管理模式，通过寻求数据之间的相关性来突破管理瓶颈。

英国著名数据科学家维克托•迈尔 - 舍恩伯格、肯尼思•库克耶在《大数据时代：生活、工作与思维的大变革》一书中强调“思维革命”：“需要从重视因果性转向相关性的发展趋势。我们应该侧重于分析相关关系，而不再寻求每个预测背后的原因。”在大数据时代，相关性管理是一种创新管理模式。特征是探寻数据之间的相关性联系，即要知道“是什么”，而不是“为什么”。相关性管理就是要找出数据里隐藏着的相互关系，从中探索现象与现象之间的相关度，进而得出结论，预测发展趋势。如，在教育管理中，从表面上看，人口、住房、教育这三类数据不属于同一个领域，也无法通过因果关系找出它们之间的联系。但在教育资源的布局、配置、核量教育的服务能力方面，这些数据却紧密关联。人口，是教育资源布局、配置的基础。一个区域人口发展的现状与趋势，特别是一个区域的常住人口、外来人口增长的数量，决定着一个区域的教育服务能力的高低，一个区域适龄儿童的人口增长趋势，决定着教育资源布局与配置的比例。住房，看似与教育没有实质性的联系，但在今天，学区房、学位房——五年一学位，决定着一个儿童在何校上学。拥有高质量教育资源的学校周边的住房不仅对学生重要，而且对教育管理也重要，对房地产开发商同样重要。这些数据在教育全息地图中，一目了然。我们可以直观地发现该区域人口、住房和教育的相关关系。由这种相关关系可以发现一个区域教育资源分配是否均衡，进而进行预测、科学决策，促进教育公平、教育资源均衡发展。

（二）从档案式管理向数据式管理转变

档案式管理是教育管理的一种模式，特征是重视工作结果的记录、整理，目标是成果的宣示。在档案式教育管理中，只关注结果，而不管过程。如高中教学质量分析，只关注考试结果：分数——学期的、学年的、高考的，维度——最高分、最低分、平均分，排名，录取率——清华、北大录取人数，985、211 录取人数。而对教学管理过程中产生的数据一概不闻不问，根本不管教师个体的教学行为数据、学生个体的学习行为数据等各类数据。这种管理模式存在一个严重问题：忽视管理过程中产生的一切数据以及这些数据之间的关联。这就造成管理粗放，不精细，对问题不能防微杜渐。

在大数据时代，教育数据一天天呈指数式增长。如果教育管理还是沿袭档案式管理模式进行，必将失去管理的价值。管理是一个过程。在大数据时代，管理就是将管理的标准数据化，将管理的过程数据化，将管理的行为数据化。记录的是一天又一天的数据，统计分析的是一天又一天的数据的集合，并将结果数据可视化，这就是数据管理模式创新。

教育全息地图，是教育管理模式创新的一种表达形式，特征是将教育的标准、过程、行为等数据化、可视化。同样是高中教学质量分析，数据式管理模式关注、关联高中教学质量的一切数据。如，从教师的角度看，关注的是教师的知识储备结构与数量、专业发展水平、道德修养、人格魅力、教学能力、实践能力等；从学生的角度看，关注的是学生的学科素养养成、知识学习达成度、心理、性格、情感等；从家长的角度看，关注的是家庭的和睦程度、父母的修养、教育的方法、接受教育的程度等；从学校角度来看，关注的是校园文化、校园设施、校园学习生态等；从人才培养的角度看，关注的是国家课程标准、考试大纲、教学大纲、教材等，而这一切都数据化了，且数据不只是结果性数据，而是包括每一天的数据，是数据的集合。依靠日常管理的数据的集合，实施管理，这样的管理不仅精细化、精准化，而且更利于掌握规律，预测未来，解决问题。

（三）从事务式管理向预测性管理转变

事务式管理是教育管理的一种模式，特征是强调事，做完事，以事论事。管理过程多依附于经验。同样的事，一个又一个人做了；同样的事，做了一年又一年。所以事务式管理缺乏创新和创造性。在事务性教育管理中，管理者依据事务的特征、已有的经验做判断，实施管理。即使进行调研，也只是采取抽样、座谈和参观、走访等形式进行，范围不广，人为因素多，缺乏实证性数据支撑。常常是做了事，但没有把事做得更好。事务性管理存在一个根本问题：以事论事。其实，一件件事，不管是大事，还是小事，每一件事都有其发展数据，每一个做事的人都会产生数据，但在事务性管理中，这些数据都被忽略了，这些数据之间的关联被忽略了，特别是这些历史数据之间的关联被忽略了。

预测性管理是基于数据的管理，特征是强调数据的关联，比较过去，预测未来。在这种管理模式中，分布在不同时空中的每一件事务，甚至在每一事务发展的不同阶段，都有其自身发展的特征、水平，且有不同的数据支撑，结构化的、半结构化的、非结构化的等。这些不同事务的不同阶段的不同数据，彼此并非不相关联，而是在教育的整体框架下，彼此发生关联，可以通过预测，发现问题、发现规律。

教育全息地图是教育预测的可视化工具。教育预测，是比较过去的教育数据，发现事物变化的趋势，根据变化的趋势，发现问题，发现规律。随着教育大数据的发展，对教育数据的预测将更精确。

（四）从碎片式管理向整体式管理转变

碎片式管理是教育管理的一种模式，特征是依照职能和职位进行分工和分层，每个人都有明确的职权限制。在教育管理中，每个成员按照分工、分层的原则，专精于自己岗位职责的工作，这种管理模式存在一个严重问题：各种各的地，各耕各的田。在管理过程中，各部门有自己的分工，相对独立，部门之间形成孤岛。分工不同，不同部门掌握的教育信息不同。部门之间各自掌握的数据不愿共享。碎片化管理是对管理空间的分割，是对管理职能的分割，更是对管理数据的分割。教育原本是一个整体，虽然各部门分工不同，管理职能不同，管理空间不同，管理内容不同，但都有一个共同的目标，而且是一个共同的终极目标。在管理中，各部门本应让管理数据流动起来，共享管理数据，实现管理模式从碎片式管理向整体式管理转变。

整体式管理是将各个教育部门的数据进行存储、分析、可视化呈现，由此各部门的教育数据资源全部汇集到了同一个平台上，避免了数据孤岛和数据割裂的现象，实现了数据的流通和共享。

教育全息地图是整体式创新管理的工具。在整体式管理模式中，各部门将其拥有的数据日积月累地汇集到数据平台，进行存储，平台通过智能集成各部门数据，统计、分析和可视化，形成全息地图，使管理者在整体上可见、可感教育的整体特征、发展水平和治理能力。

打通信息技术与学科教学融合创新的“最后一公里”

□ 苏云成* 张忠艳**

信息技术的日新月异，带来了人类生产方式、思维方式与学习方式的变革。随着人工智能、大数据、区块链等技术的迅猛发展，人才需求和教育形态也必将发生深刻改变。2018 年 4 月，教育部发布《教育信息化 2.0 行动计划》，这意味着互联网与教育的整合正在向深度融合创新的阶段挺进。

众所周知，教育的信息化离不开技术的支持，在技术促进教育发展的过程中，教育也在推进技术的更新。信息技术改变着传统的课堂教学结构，催促着教与学方式的转变，提升的不仅仅是学生学习的热情、课堂的氛围，还有学习的效率和教育教学的质量，并深切影响到教育的理念、文化和生态。

为此，充分利用信息化技术，让所有的学生享有优质的教育资源和有质量的教育，是解决教育公平问题、促进学生全面发展且个性发展的一条有效路径。在信息技术与学科教学深度融合的过程中，我们清醒地看到，“最后一公里”带来的问题依然不同程度地存在着，这充满着困难与挑战。

一、融合创新的“最后一公里”现状

（一）平台建设的“最后一公里”

教育信息化在迅速发展的同时，也开发和培育了大批的教学资源，精品课程、网络

* 作者系苏州高新区教育发展中心科员
** 作者系苏州高新区西渚实验小学校校长

课程、慕课等频频出现，一线老师们录制了许多微课、微视频。从总体上看，大多数教学资源因为没有根据需求有效地统整而处于闲置状态，这是一种极大的浪费。毕竟这中间投入了大量的物力、财力和人力。平台建设需要秉承共建共享的原则，让小资源与大资源协调发展，让更多的资源使用实现最大化、最优化。其次则是配套硬件设施能否到位，网速能否畅通无阻，电脑或移动终端能否真正成为学具，这些问题将影响平台建设的进程。而加快平台建设的“最后一公里”的打通，是信息技术与学科教学常态化实践探索的基本保障。

（二）教育理念的“最后一公里”

尽管许多学校已经开始大规模地进行深度融合的课堂变革，但就更大范围来看，学科教学并没有发生本质的变化。面对“互联网 +”“大数据”等信息技术的冲击，很多教师并没有做好充足的准备，其教育理念的更新赶不上技术的更新。可以说，以信息化为引领、以学习者为中心的思想理念还没有深入到每一位一线老师的头脑中。传统教学的惯性还在束缚着、制约着部分老师的教育理念。思想的滞后、态度的迟疑、信息化水平的参差不齐，必然会影响新技术的理念、方法在教学实践中的应用，与教学的深度融合创新自然也会举步维艰。

（三）创新发展的“最后一公里”

信息技术与学科教学的深度融合，并不是简单生硬地把多种信息技术相互叠加应用，它是一个复杂的动态系统工程，需要每一个践行者厘清二者的关系：所有的信息技术都是为教育教学服务的，师生为本，技术为辅。那种为使用信息技术而使用信息技术的做法显然不可取，没有围绕教与学展开的炫酷技术，是没有任何意义可言的。在海量的教育资源面前，教师不能采用简单的“拿来主义”，需要重点考量与斟酌的是：教师、学生、教材在信息技术环境下发生了什么样的改变？学科教学的核心过程是否发生了改变？这种改变能否实现课堂教学结构的根本性变革？

二、打通“最后一公里”的构想与实施

2017 年，为推进教育公共服务从数字化到智能化的转型，苏州高新区启动了智慧教育项目——“教育时空云”创新工程。平台建成以后将汇聚高新区 200 多所幼儿园到高中学生连贯的学习数据，为学生构建在线自我诊断的“体检中心”和“化验室”，并基于大数据分析进行课程资源的精准供给、学习服务的精准推送，从而打通信息技术与学科教学高度融合的“最后一公里”，以期推动大数据背景下信息技术与教育教学实践的

融合创新。

（一）打造大数据智慧云平台

高新区的智慧平台建设将整合各级各类教育资源公共服务平台和支持系统，逐步实现教育资源公共服务平台和教育管理公共服务平台的互通、衔接与开放，将信息化教与学的应用覆盖全体教师和全体学生，数字校园的建设覆盖各级各类学校，最终形成“校校用平台、班班用资源、人人用空间”的良好教育生态。

维克托·迈尔-舍恩伯格在《与大数据同行：学习和教育的未来》中说：“历史上第一次，我们拥有了强大的、具有实证效果的工具，能够空前地看到学习的过程，破解过去不可能发现的重重学习阻碍，让教育可以实现‘私人定制’，改善学习的成效……大数据有助于学生学得更为有效。大数据还能帮助教师针对特定的学生群体调整教学。”

高新区将从实践出发，引进专业院校教学资源，征集区内课堂教学优质资源，支持区内名师资源共享，以期实现教师个人资源的云存储、云管理和分享，以及学科教研组、学校、区等各级各类教学组织单位的教育资源的统一存储管理与共享，形成全面覆盖小学、初中、高中且能够有效支撑优质资源“班班通”的教育资源库，支持教师备课、课堂教学、学生学习、考试与评价等教学应用。

借助全区教学质量动态变化图、对象化的学科素养分析图、针对性的学业基础诊断图谱等，教师可以收集学生的学习数据，精准分析学习者的个体知识能力结构、个性倾向、思维特征、学习路径和学科素养发展状况，针对学生的实际需求实施“精确供给”，使教学围绕学习者的个性化需求展开，可以说，大数据资源为学科的深度融合提供了依据。

（二）构建信息化学习共同体

教师是信息技术与学科教学深度融合的核心生产力。伦理学家唐凯麟认为，在新技术革命条件下，“创造人”有全新的品质结构、全新的智力结构、全新的生命活动，自觉地意识到在这个瞬息变化的世界上自己的地位和使命，自觉地使自己的生命活动服从人类共同的崇高的理想和目的，并在这个过程中去发挥自己的创造才能和创造作用。

若要培养更多面向未来的“创造人”，教师首先要成为“创造人”。为此，高新区教育局积极做好提升教师整合技术教学能力的顶层设计，着力构建信息化学习共同体，全面提升师生信息素养，推动技术应用向能力素质拓展的转变。

高新区将汇聚高校及研究机构的研究力量，及时了解一线教师的需求，让研发的产品和技术的支撑能够解决教师融合过程中出现的问题，同时整合学术团队的技术能力、教学能力和学科能力，协同教育技术学和学科教学的研究者与实践者致力于“信息技术—学科教学”及“学科教学—信息技术”双向融合的探索，为教师提供更多协作的机会，并在教学实践中渐次提升教师融合技术的教学能力和研究能力。

（三）发掘融合创新的生长点

让个人化学习成为现实。生命的价值在于成长，教育的意义就是“满足人的生命成长需要”。学校面临的第一个新挑战，就是为每个学生提供适合他们成长的教育，就是使每个学生的个人化学习成为现实。这是将“学习者置于中心”的教育，或更加准确地说，在任何一个时刻都将每一位学生放在中心，根据他们每个人的学习能力和学习动机，提供量体裁衣的教学。在信息化教育教学过程中，教师的角色更像是学生学习的“设计师”，了解他们的个性特征和学习需求，为他们制作合适的学习方案，线上线下答疑解惑，让因材施教成为可能。教师要根据学生的实际情况进行分层教学，学生也可以根据自身接受知识的能力进行个性化学习。教师通过教学平台可以监控和掌握学生的学习进度，对学习中遇到困难的学生可以施以援助、有效引导，让其在教学平台上对知识内容进行反复学习和巩固，而对于学习进度快的学生，教师可以鼓励他们进行自主学习。

优化教学模式及学习方式。培养具有创新思维和创新能力的人是融合创新的主要目的。个人化的学习，能够让一个人的潜能得到更好的发展。以学习者为中心的理念会影响教与学的顶层设计。比如，我们会改变教室的空间布局，构筑能够支撑学生自主、自助、自评式交互活动的更为有效的学习空间；我们会根据学习任务的不同而变换学生自主学习和小组合作学习的方式，让学生能够接触到更多的小伙伴并开始与他们就项目进行合作；我们会利用信息技术为学生创设更多的情境，让每一位学生主动参与，让现场学习丰富学生的经验，深化他们的认知；我们将更加注重学生的学习过程，而不仅仅是结果；我们会利用信息技术实现实时数据采集，让动态的阶段性考核成为可能，并基于新的教学生态环境，构建“为了学习”的评价反馈机制。

“最后一公里”的打通是多渠道、全方位的，它包括线上线下的打通，课内课外的打通，甚至是跨学科、跨校区、跨区域的打通。我们相信借助高新区智慧教育云平台，打通融合创新的“最后一公里”，将会助推区域教育走上优质均衡的快车道。

学校实践

初中数学课后云辅导应用

——以苏州市金阊实验中学校初三数学备课组为例

□ 边卫华*

一、我校数学课后辅导面临的难题

课后辅导一直是教学过程中的一个重要环节，在数学教学过程中更有它不可替代的重要作用，我校的数学课后辅导遇到三大难题。

第一，我校所处的金阊新城位于苏州姑苏区的边缘地带，在政府引进新东方汽配城、苏州机电五金城、苏州一力物流钢材市场、苏州礼品商品综合市场、苏州领先五金装饰日用品市场、苏州新钱万里桥小商品市场、苏州传化物流基地等项目后，学校周边的居民数量近几年迅速增加，生源结构日趋复杂，通过调查发现，有时间且有能力提供课后辅导的家长数量极少。

第二，学校师资紧缺，我校从2014年时每个年级6个班级迅速发展到目前每个年级14个班级，每个班级约45名学生，教师全部满负荷甚至超负荷工作，对学生的课后辅导需求很难做到随时回应。

第三，从科目设立的初衷来看，学习数学是锻炼逻辑推理能力最好的方式，但是，在初中三年时间里，学生要学习的数学知识点非常多，我校学生大部分来自五湖四海，数学基础和学习能力差异非常大，所以不同的学生在完成课后作业时面临着不同的困惑。

基于以上三大难题，我们认为，必须克服时间和空间两大障碍，利用我校的信息技

* 作者系苏州市金阊实验中学校信息处主任

术优势，采用云辅导的方式来解决课后辅导难题。

二、课后云辅导的技术支撑

我校2015年9月脱离景范中学独立编制伊始，被苏州市教育局列为“信息化教改暨未来教室”项目试点学校。信息化教改的实践与研究，为我校提供了重要机遇。学校抓住机遇，确立了信息技术融合创新的发展战略。具体实施步骤是：信息化环境的建设—信息技术的应用—信息与学科融合。

杨宗凯认为，信息化环境的搭建包括电子书包、电子课本、互动显示设备、交互学习终端、网络服务、云资源等要素。未来的教室是一种“三通两平台”实现后基于云的学习环境，能够支持个性化学习与差异化教学。

苏州市教育局为学校创建的信息化环境具有两大特点：一是基础条件优越、百兆以上光纤、教师信息化终端和学校多媒体教室等基础设施相当完善；二是发展水平较高，为学校到一定阶段开展信息技术融合创新的探索打下良好基础。苏州市建设的“未来教室”是国家数字化学习工程技术研究中心研发的“starC未来教室”，这是一种“云+端”一体化（前端的“电子双板”和学生信息化学习终端、后端的“教育云平台”及其所集成的云端应用App）的信息化教学环境。我校装备的“starC未来教室”数量，从2015年的5间，到2016年扩大到20间，再到2017年实现全覆盖，目前已有41间。以“starC未来教室”为核心的信息化环境建设为信息技术的应用与融合创造了条件。

课后云辅导的实现，关键还在教学资源重组，以及贯通课内外与线上线下的辅导流程的再造。数学教研组根据不同层级学生的需求，利用starC平台的技术优势制作微课教学资源，逐步形成学科资源库。利用信息融合手段实现层次递进的课后辅导，以尊重不同层级学生的个性、能力和基础差异为中心，在课后辅导中促进每一位学生的高效发展。

在此过程中，以学科教研组或备课组为团队的“混合式教育”给了我们重要启示：它能将传统的师生面对面教学的优势，与网络化学习的优势相结合，取得最优化学习效果，使教师、学生、信息技术都能在教育教学中找到合适的角色。

2018年，苏州市教育局启动了“苏州线上教育中心”项目。这是一个统筹全市名优教师资源，并贯通线上线下与课内外的高度信息化、智能化、个性化免费网络学习平台，能够为全市学生的课后辅导提供帮助，也为我校的学生课后辅导提供了平台和资源。

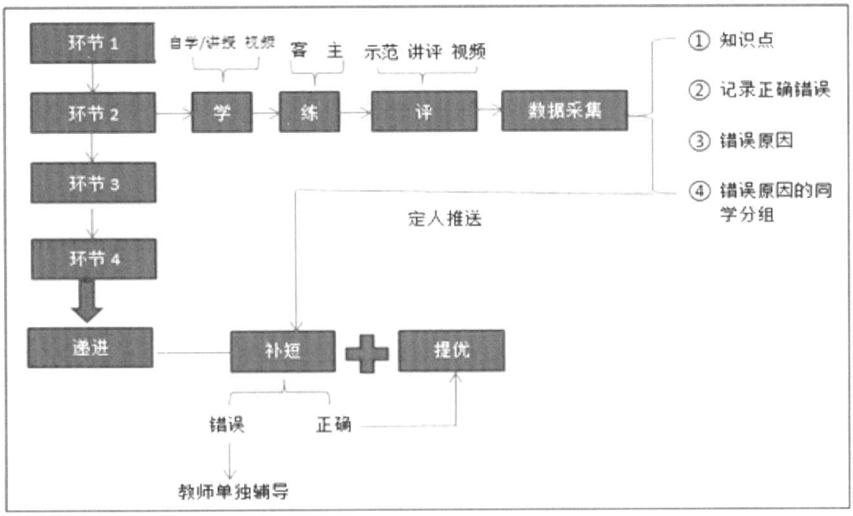

数学云辅导模型

三、课后云辅导的方式

（一）微课资源分层推送

微课能够有效激发学生的学习兴趣。数学这门学科涉及很多枯燥的知识点，初中生又处于青春期，活泼好动、注意力难以长时间集中，通过书本进行课后自主学习的难度较大。微课视频可以将一些枯燥的知识点情景化，将抽象的概念具体化，而生动的情景能够激发学生的学习兴趣，使学生在愉快的气氛中掌握知识；微课可以丰富教学内容，初中数学中的很多概念不容易讲述明白，学生的知识储备又非常有限，难以想象某个概念究竟想要表达什么，微课以丰富的表现形式克服了这些困难，用生动的图片、音乐、文字等直观地呈现一些知识点，弥补了单纯使用语言的不足，丰富了教学内容；微课能够无限地拓展教学空间，形成不同层级难度的资源，教师在制作过程中不再将资源局限于参考书，可以有效利用内容丰富的网络资源，学生也可以有效利用网络中的微课资源，根据自己的需要选择对应内容学习，强化学习效果。

数学微课辅导的优势：

1. 辅导微课完全不受时间和地点的限制，学生可以通过手机、平板等移动设备随时随地学习。

2. 辅导微课视频的长度一般不会超过十分钟，具备短小精悍的特征，与中学生的认知特点相符合，视频中要向学生传达的知识内容非常明确，一般都是针对当天教学中的一些重点和难点，使学生在最短的时间内理解这些知识点，实现教学目标。

3. 不同层级的微课使得学生的学习有较强的自主性，学生根据自身能力的差异选择适合的资源进行学习，得到对应的数学能力的提高。

（二）线上教育中心在课后辅导中的应用

2018 年，苏州市教育局“苏州线上教育中心”项目启动，我校又一次成为试点学校，依托线上教育中心这个网络空间，师生可以通过线上直播、交流来优化课前课后的教与学，并有效整合线上学习资源，使线下的课中教学更为理想。在详细了解学生和家长的需求后，数学教研组制定了适合我校学生及其家庭实际情况的直播和答疑计划。直播过程中运用微课推送、课件插入、白板演示、互动答疑、录播回放等形式帮助学生在家中得到优质的教学辅导，提高学生在家学习的效率，减轻家长因无法在家辅导孩子而产生的担忧。通过对学生提问类型、人数、次数等进行的统计分析使教师了解学生在学习中遇到的疑点、难点和主要问题，更加有针对性地指导学生。数学组以备课组为单位，每天晚上安排教师值班，在规定的时间段针对学生作业和拓展中的问题答疑，答疑的核心是指导思路和方法，不直接给出答案或结果。在答疑的同时收集整理学生的提问信息，在第二天的备课组活动中对产生的问题进行研究，调整教学策略，减少低效作业数量。同时鼓励学生在作业过程中有疑问及时在线上教育中心的“问答中心”进行提问，提问质量高的学生会在课堂教学时得到表扬，并把这部分高质量的问题作为教学案例进行课堂讲授。与此同时，学生在“问答中心”得到解答的问题会有系统的记录，无形中也形成了一个电子“错题本”。

另外，在线上教育中心的“资源中心”，有各种优质的学习资源可供学生选择。虽然平台提供了相对便捷的搜索平台，但实际上要找到适切的资源还需要教师专业化的指导。数学组老师先根据教学需要，搜索资源，筛选整理，根据学生的基础、能力差异，分层分阶段推荐资源，这大大提升了平台资源利用的有效性。

自修课是有效锻炼和提升学生自主学习能力的辅助手段，同时我们也在思考和实践如何在自修课中做到及时有效地帮助学生解决碰到的问题。合理应用好计算机教室、电子阅览室等空间资源，学生在教师指导下登录线上教育中心平台，选择教师推荐的资源进行个性化学习，有利于提升学生的学习效率和资源的利用效率。平台提供量化指标，给教师与学生的教与学提供一定的参考依据。

四、利用数据导向提升云辅导的效率

（一）以数据分析引导课后辅导精准有效

在信息技术与学科融合的探索中，需要借助 starC 教学平台和线上教育中心等平台进行数据分析，优化教学各环节。数学教研组在实践探索中，利用数据分析率先构建了差异化学习路径，包括差异化讲练和差异化辅导。

一模/题号	19	20	21	22	23
B1	5.00	4.85	5.82	5.33	7.18
B2	5.00	4.97	6.00	4.78	7.17
B3	5.00	5.00	5.83	4.83	7.28
B4	5.00	4.91	5.88	5.24	7.00
B5	4.84	4.65	5.62	4.81	7.03
B6	4.70	4.30	5.46	4.81	6.65
C1	3.27	2.62	4.00	4.15	4.31
C2	3.96	3.50	3.65	4.42	5.23
C3	1.93	1.36	1.93	3.04	3.36
C4	1.91	0.74	1.57	1.83	1.04

红色为和一模比有进步的题号（各班均与自己比较）

二模/题号	19	20	21	22	23
B1	4.67	4.87	6.00	5.31	6.46
B2	4.69	4.97	5.86	5.22	7.11
B3	4.56	4.97	6.00	4.50	6.92
B4	4.82	4.47	6.00	4.44	5.59
B5	4.59	5.00	5.49	3.97	6.73
B6	4.00	4.41	5.35	4.11	4.65
C1	3.08	3.46	3.15	2.65	5.12
C2	4.08	3.81	4.08	3.04	5.03
C3	1.68	1.18	1.39	1.75	3.68
C4	1.91	1.45	1.05	1.32	2.18

各班不同学生答题诊断统计

1. 差异化讲练。首先，根据课标，将数学知识点的讲解分为三个梯度。其次，具体流程为：教师示范—学生练习—教师讲评。依托线上教育中心和微课平台，拓展学习时空，将原来教师线下示范的例题讲解，优化为线上的微课学习；通过在线测试，实现对学情的精确反馈；教师根据学情，分析典型错误，归纳错误类型，对共性问题进行精准化讲评。

2. 差异化辅导。首先，根据课标精心命制诊断题，通过在线测试实现对学情的精确诊断。其次，根据诊断结果，对学生进行分组，通过差异化的学习路径，开展巩固练习，进行拓展提升。诊断出问题的学生可在教师指导下或在小组互助中，分析错误原因，并利用线上教育中心记录订正路径；诊断无误的学生可依托线上教育中心不同层级的微课资源以及其他云端学习资源，实现个性化的课后学习。

（二）利用数据统计对课后辅导进行科学设置和管理

相对于线下的初中数学差异化学习，云辅导带来的变革主要体现在教学时空的拓展、学情的精确诊断、学习的个性化这几个方面。实现变革的关键在于讲练梯度的科学设置、差异化学习资源的开发、诊断题的精确命制。

另外，我校教学处在教学管理中，利用云阅卷系统反馈的成绩数据，以及借助 Excel 软件自制的“筛子系统”“卷面知识点分析系统”等，实现了测试数据的可视化、精准化，有利于帮助缺乏经验的年轻教师有针对性地优化教学辅导。

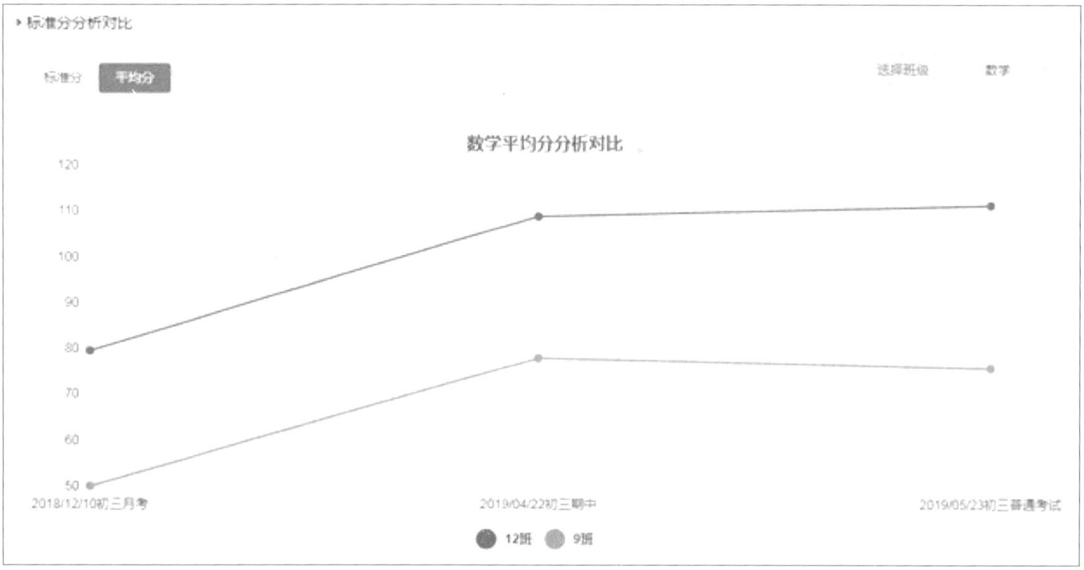

某教师所执教的两个班级数学成绩在云辅导后提升明显

五、结语与展望

云辅导实施过程中的教师在制作资源时既融入了教师的微反思，也包含了对学生的微评价。学生将自己在学习中遇到的问题通过网络平台传递给教师，或者直接在网络平台留言，表达出自己的困惑，教师根据学生的反馈情况做出修改，不断完善辅导资源，这一过程体现出了师生之间的交互性，二者之间共同探讨、共同进步。作为一所建校不久的年轻中学，通过信息化环境的建设、信息技术的应用、信息与学科的融合，我校数学教师团队在素养提升、教学与管理精准化、学习辅导差异化等方面取得了比较明显的成果。

数据分析，驱动管理

□ 曹蔚萍*

【摘要】学校根据“十三五”规划要求进行数据中心建设及对数据驱动管理案例的研究，用大数据分析的行动方式研究如何改进学校的管理工作，提高管理效率，提升管理质量。

【关键词】数据中心；驱动管理；任务分析

近年来，随着信息技术的革命性突破和泛互联网数据的急剧扩增，以“数据驱动学校，分析变革教育”的教育大数据时代已经来临，依托大数据、云计算等新一代信息技术打造智能化、感知化、泛在化的教育信息生态系统已经成为教育现代化追求的重要目标。

然而，现有小学教育实践领域的管理模式仍未紧跟时代的发展，教育管理智能化程度低，信息数据量少，缺乏系统化，难以支持及时精准的教育决策，管理过程面临着巨大的挑战。我校在管理中，对如何运用大数据技术进行了一些初步尝试。

一、规划引领，开启硬件改造建设

2015年底，学校根据“十三五”发展规划（2016—2020年）要求，将大数据运用放在了重要位置。在“十三五”发展规划中设有三大主要任务，第一项就是“学校大数据平台的开发与建设”，并专门设计了“十三五”信息化发展规划。信息化发展规划的目标是：以学校大数据的理念和技术为指导和支撑，以信息化设施建设为基础，以课程教学的信息化为重点，逐步实现“教与学”、学校管理和家校互动等多个领域的信息化，

* 作者系苏州市实验小学校信息中心主任、中学高级教师

基于自适应学习模型理论，为推进学生自主学习能力提升、教师研究型合作型专业发展、多元参与的学校治理体系形成提供支持。

在“十三五”发展规划的引领下，近年来，我们改造中心机房，购买服务器建私有云，开发建设信息化管理平台和学习平台。

（一）校园云平台硬件建设

2016年初，第一期核心服务器设备部署完毕。我们采购了一批相适应的硬件设备，包括主机和备份服务器1台、数据中心交换机2台、存储设备扩容、电教馆异地灾备、安全设备（含行为管理、防火墙、防病毒等）。2016年3月份采购大磁盘空间的备份服务器。2016年暑假，我们对学校机房进行了全面改造。通过基础装修、机房防尘等处理，机房防潮环境明显提升，添置UPS不间断电源、增设第二路市电线路，与原有设施实现两路供电，添置精密空调实现恒温恒湿，再辅以弱电综合布线与机柜整合，机房内设备布局合理、功能区划分清晰。以上这些都为学校信息化的推进提供了有利的基础环境、设施，也为日常的使用与维护提供了便利。

此外，在网络的升级与改造方面，我们对校园骨干交换网络进行升级改造，实现骨干网络万兆互联，边界安全过滤与入侵检测防护，探索多线路接入的负载均衡，以满足外网访问带宽、容量需求。

（二）基础平台建设

我们从2016年3月份开始进行建设标准代码库的前期准备，搜集已建标准代码信息，梳理建立目录，从接口、字段名、定义、值等各个方面将学校的部门、人员类别、年级、班级、地区等信息进行规范化和标准化，为今后所有上线的信息平台提供代码标准。接着审议标准代码库建设情况，并对之进行完善补充。今后新建的平台都要遵从学校的数据标准要求，便于学校层面的数据共享和利用。当然标准代码库的建设还有不断发展的空间，还将随着新平台的研发上线需求，继续拓展标准代码库的建设。

统一身份认证是一种机制，一处登录，全网畅行。随着应用系统建设的增多，每个系统都需要进行身份验证，为了方便校园与用户的使用，统一管理学校人员权限状态，需要建立学校层面的统一身份认证和单点登录体系，将必要的信息系统、网络认证接入到统一身份认证中。2017年8月，对信息平台，特别是对外网服务的网站等，加强信息安全防护，对策略设置进行优化。对教职工的校园网接入，实行“一人一号”的实名认证接入。统一身份认证系统上线，方便了用户的平台登录。

二、研究策略，全面推进数据中心建设

学校的管理平台从最初的“科利华”到现在的“绿橄榄 OA”已历经数代换版，各版都在业务流层面实现了办公、教务等工作的数字化，但面对各平台中数据的分散、零乱的现状，如何能让其“说话”，为教育、管理提供决策依据，需要我们把各类信息数据化，并以相对统一的规范存储，以便调取。这样不仅能为学校大数据平台采集信息数据，同时便于在校园内各个系统之间进行数据交换，保证数据传递的一致性、可控性、实时性、准确性和标准化。

2019 年初，学校信息中心的工作重点转向学校层面数据中心的建设。开始数据建模工作，考察设计数据标准代码库、建数据库以规范数据的存放。10 月份开始数据交换系统的开发，与各业务平台对接，实现数据的“推”“拉”双向互通，将数据规范地存储到数据中心，从数据中心调取到统一标准的数据。

数据中心建设以各部门数据分析需求为出发点，由校长室发起，各部门提数据分析需求，思考数据从哪来，数据准备给谁看，以何种方式、何种要求进入数据库，怎么呈现等问题，信息中心组织调研，落实建设。信息中心根据对各部门的数据需求调研，排除已开发平台，如工作流、打分等已不需要开发方提供数据字典，联系 OA 平台开放方，要求提供含：

1. 教职工基本信息相关字典表。

2. 公文发送、批阅信息相关字典表。

3. 学生成绩信息相关字典表。

4. “七认真”相关字典表。

5. 教科室论文信息、论文获奖信息相关字典表。

6. 通知发布、阅读的相关字典表。有了数据字典，可以迅速跟踪到数据的动态变化，可以研究里面数据指标高低构成以及关联的因素，从而形成数据分析。

2018 年 6 月底，数据中心初步建成，名为 data.szsx.org。其收集、汇聚、存储的各类数据，来自打分、OA、工作流等 21 个主题的统计图表及数据明细。21 个主题中涉及学生处的有 13 个：晨会课检查、学生处晨会抽查、晨间班级纪律检查、晨会情况抽查、放学情况抽查、教室卫生检查、课间巡视、社团检查、升旗仪式检查、午餐检查、学生处午餐检查、综合主题活动、综合主题活动抽查；涉及教务处的有 3 个：学生基本信息查询、学习平台统计、学习平台学生掌握情况；另外还有教科室论文统计、总务处领用

统计、信息中心报修统计、教发中心教师发展规划、办公室教师基本信息统计 5 个主题。

data.szsx.org 可以实现动态随时抽取，所有的数据每日更新一次，给各部门负责人配置校内查看权限。由于 OA 上的数据有部分手动输入不规范，数据存在内部不一致的问题，需要信息中心逐项检视平台呈现出的所有数据，发现问题及时与 OA 等多方进行沟通，从根源处修改，做到统一。

学校运行过程中会产生海量数据，数据中心根据需求进行快速采集，可以全面呈现和把握学校运行过程中的真实状况。在数据中心建设过程中，采用一定的策略助推其发展更快更有效。我们主要采用了如下方法：

（一）及时沟通，签字确认

1. 部门负责人签字确认数据中心的数据源是否还要补充字段，需要哪些字段。

2. 确认本部门是否还需要其他分析数据源。

3. 确认本部门的数据分析中是否要与其他部门的数据源关联，具体需要与什么关联。

（二）专家面询，交流完善

1. 面询：除仪表盘外，需要做什么数据统计分析小模块，需要什么样的进一步深加工，指导表格加工制作方法。

2. 进行表格处理技巧培训指导。

3. 借助期末中层会议案例分享，提升总结。

（三）评价反思，促进发展

审视部门数据分析：各部门的需求是否完成。完成了的，是否有用；没完成的，具体是因为什么问题，从而思考下一步的工作方向。

在各部门的努力下，数据中心不断完善：学生处问卷系统的学生满意度、家长满意度调查；教务处要求走课打分；某位老师“七认真”情况跟踪；国际交流处的对外教打分的呈现；信息中心要求的网站发帖；办公室的公文批阅……这些数据如雨后春笋，破土而生。通过大数据抓取和分析，把教师、学生日常的教学和学习生活数据形象地呈现出来，为校园各项管理、教学、学习提供客观的数据指导，综合这些数据迅速生成学生成长、教师教学、家庭教育、学校管理等的画像。

三、查原因，定方向，找方法，案例分享，用大数据说话

随着学校数据中心的逐步建成完善，各部门数据分析理念得到了提升，分析技术在老师们中得到了广泛应用，学校教育教学工作从大数据这个入口开创出一个新局面。

2018年暑假，各部门进入实战阶段，大家根据自身需求点，用大数据说话。“学生喜欢的课程调查问卷数据分析”“学生、家长满意度调查数据分析”“挖掘数据研究教师成长路径”“对论文获奖数据的反思”“信息通知与相应阅读数据分析引发的思考”“大数据下儿童膳食营养管理分析”……一个个案例分享精彩纷呈，不仅帮助各部门从科学的角度看清真相，也为寻找解决办法开辟了路径。各部门通过案例分享互通有无，互相借鉴，共同成长。大家发现，一个分析需要多维度、长时间对数据进行采集和思考。例如，我们分析OA上信息部门通知的阅读情况时，就可以从阅读人数、阅读起始时间、阅读频次、阅读者的身份等多维度进行采集和挖掘。持续关注数据有助于我们在科学分析的基础上，主动去寻找数据间的关联，再衍生出更多的思考和分析。部门要做的是找到数据关联，进行探索性数据分析。数据分析就应该是这样一个过程：识别分析需求—收集数据—挖掘数据进行分析—评价并改进分析。

2019年寒假，领导在学校中层会议上对各部门数据驱动管理案例组织评优，激励各部门更努力地思考和工作。“有数维保，维保有数——数据统计与分析提高维保实效”“探寻教学质量评价的新视角——基于标准差的教学评价思考”“通过数据分析，驱动采购管理的高效运作”“大数据背景下幼儿学习品质的观察与评定”“继续教育学时管理：保温饱，奔小康”“STEM教师调查分析”“从成本控制到品质提升”……学期初的思考，学期中的探寻与研究，期末在数据驱动管理的案例分析中抛出问题、解决问题、量化问题，各部门在数据挖掘“剥洋葱”找关联的过程中，建起一个个指标。

图1：中层数据驱动管理案例交流会

数据分析是用适当的统计分析方法对收集来的大量数据进行分析，提取有用信息并形成结论而对数据加以详细研究和概括总结的过程。数据分析可帮助部门管理者做出判断，以便采取适当行动。全体中层管理者在案例交流中看到：通过数据挖掘及分析，数据的意义和价值凸显了。在传统管理的数据收集与分析中，所得到的数据往往是小数据，不全面，这就导致学校管理难以走出凭经验、凭感觉办事的束缚。而今，通过对大量数据的挖掘与分析，我们运用归纳的方式，找出了更为科学有效，更为符合学校实际、学生实际、教师实际的管理策略，实现了管理的精准化、精细化。

四、专家点拨，案例分析培训指导

经过一年多时间的数据中心建设和在数据驱动管理的案例分享交流会上的讨论，各部门对于数据分析有了更深层次的理解。各部门在科学转变管理方式，提升学校教育管理的有效性、精准度上提高了管理效率。信息中心策划了一张“基于数据分析，驱动管理改进案例任务分析”的表格让各部门负责人填写。表格如下：

基于数据分析，驱动管理改进案例任务分析

2019年　月　日

部门		负责人	
本学期案例主题			
目标描述			
任务分析			
所需数据内容描述			
数据来源说明			
数据分析需求描述			
需要什么帮助			
信息中心意见			

各部门对于这张任务分析表进行了理性思考和填写，对所要做的案例目标更为明确，数据需求更为清晰，指导工作有了更好的抓手。以教发中心为例，研究主题为“ 建立教师发展评价的量化体系”，目标描述为“想通过数据清楚地了解不同学科不同发展阶段的老师目前的发展样貌”， 希望所需数据能从学科、教龄的不同阶段反映出老师们的发

展情况。为此我们需要从如下维度去看：学历、职称、教龄、培训情况、授课情况、年度考核、各类公开教学、教学质量、教学科研（论文）等。具体指标拟定量化如下：

维度	1	2	3	4	5	6
学历		大专		本科		研究生
职称		初级		中级		高级
教龄	0—5年	6—10年	11—15年	16—20年	21—25年	26—30年
培训情况		不合格		合格		优秀
授课		不满工作量		满工作量		超工作量
年度考核		不合格		合格		优秀
公开教学	备课组	校内	直属	大市	省内	省外
论文	校内	大市	市级发表	省级发表		核刊
主要荣誉称号		校级	直属	大市	省级	国家级

我们请来复旦大学信息办公室的专家对一年中所做的数据分析案例进行实打实的把脉面诊，并进一步对各部门新学期做的“基于数据分析，驱动管理改进案例任务分析”表格给出建议。

图2：中层“基于数据分析，驱动管理改进”培训会

五、下一步工作思考

在小学管理领域运用大数据理念与技术进行数据挖掘与分析，能够使我们在对大量数据的归纳分析中找到影响小学管理的重要因素，使管理者及研究者能够全面获悉学校运行过程中的真实情况，基于数据分析，找出更为科学有效，更为符合学校实际、学生实际、教师实际的管理策略，转变学校传统的管理方式、管理流程和组织方式，开展适合学校实际情况的精准化、精细化管理，提高管理的有效性和效率。

愿景美好，但在开发和推进过程还是不断遭遇瓶颈，如非结构化数据的采集如何在数据中心呈现？各部门提需求的仪表盘如何到位？如何督促各部门充分运用数据中心，使之用足用好？如何进一步充实数据中心的模块内容和形式？这些问题一一摆在我们面前，激励我们不断攻坚克难，不断突破。

云视野下高职院校网络教学平台的功能与定位

□ 张　莉*

【摘要】教师在新时代下，要乐于思变，通过“互联网 +”环境下的教学设计，应用系统分析方法来分析学习过程中的问题与需求，加强师生、生生之间的互动。

【关键词】职教云平台；信息化；高职院校

引言

近年来，按照习近平总书记关于推进教育信息化的要求，中国教育信息化在信息技术与教育教学实践深度融合这一核心理念的指引下，实现了从教学 1.0 时代跨入教学 2.0 时代的快速发展。同时，教育信息化作为教育领域的延伸与发展，是提升师生信息素养，进行教育教学改革，培养创新人才的重要手段。教育部 2018 年 4 月印发的《教育信息化 2.0 行动计划》中，2018 年至 2022 年是新时代的第一个信息化五年计划阶段，目标是“三全”（教学应用覆盖全体教师、学习应用覆盖全体适龄学生、数字校园建设覆盖全体学校）。所以，教师在新时代下，要乐于思变，通过“互联网 +”环境下的教学设计，应用系统分析方法来分析学习过程中的问题与需求，加强师生、生生之间的互动。

一、职教云平台介绍

职教云平台是国家“职业教育专业教学资源库”项目建设成果面向全社会共享的指定平台，它可以为高职院校的老师、学生提供优质的数字资源，且为教学全过程提供信息化服务。平台以服务学生为中心，构建了课堂教学、在线学习、实验实训等体系，学

* 作者系苏州旅游与财经高等职业技术学校科研处科长

生可以随时随地在线学习，甚至与其他地域的学生互动学习。平台以应用为导向，让教师拥有自己的课程、课堂、资源管理空间。在云端教学环境下，教室里的黑板变为电子白板，教室里每个学生可以通过平板电脑、手机连接无线网络系统进行学习。平台为教师教学管理、学生在线学习、家长了解情况提供了完善、互动的空间。

二、职教云平台的特色

职教云平台与传统的课堂教学依然是紧密结合的，它最大的特色是让传统课堂教学呈现出多元化、多样化、跨时空的创新教学模式，且蕴含着启发学生、探究问题、表达思路和分享成果的教学理念，有效促进师生互动、生生互动。

（一）教师共享开放教学资源

通过平台，教师将不同区域、不同学科的优质备课、预习、导入、教学、作业等内容进行整合，可以结合自己学生的认知特点，高效地选取其中部分来进一步完善、丰富自己的授课内容，也可以在线上与其他老师进行研讨，实现教师在专业上的成长与进步。

（二）学生体验自主学习过程

网络学习现在越来越成为一种主流的学习方式，学生通过老师布置的预习作业寻找有关视频、微课资源去发现问题、思考问题，形成一个愿意探究问题的心理过程，折射在传统课堂中的变化会是从“不知道，不敢说”转变为“我知道，我来说”的主动学习状态。

（三）家长掌握学生动态数据

平台建立了关于学生综合素质培养的几个参数，如德育、学习、活动、实践等学生在学习过程中的动态数据，家长可以通过大数据随时掌握孩子的学习情况，学校也可以用数据这种一目了然的科学方法来引导家长对学生进行素质教育、生命教育、感恩教育。

三、职教云平台在高职院校教育、教学中的应用

（一）家校沟通，从非结构化数据转向结构化数据

前几年，学校与家长之间的沟通是通过家校路路通的信息平台进行的，教师要将学生的平时表现、作业情况、仪容仪表、考试成绩等以编辑短信的方式发送给家长，让家长能够对自己孩子的动态和成长有所了解。随着计算机技术的更迭，软件也不断地推陈出新，如爱云校好分数阅卷系统软件，除了可以轻松地完成以上这些功能外，同时还拥有实行网上阅卷、成绩分析、后台记录每位学生的历次考试成绩的功能。我们在职教云教学平台上发现了集家校路路通、爱云校等平台类似功能于一体的菜单，通过手机端家

长可以第一时间了解孩子的学习情况以及错题分析的相关数据。通过数据，大幅度地提高了学校与家长交流的有效性。

（二）线上线下一体化的教学模式，优化了教与学

教师要提前将一些教学资源上传到平台，让学生预习自己选择学习的视频、微课和课件，把在预习过程中遇到的问题通过平台向教师反馈，其他学生在预习时看见同学的问题，也可以在平台上给予回复并互相探讨。传统课堂上，教师仍然按照教学目标和教学内容，让学生自主探究或小组合作学习，在此过程中，可以将遇到的问题在平台上提出，教师或其他的学生可以进行互动，解答疑问，最后将学习成果向全班同学进行展示。学生可以利用职教云教学平台上存储的资源自主学习和总结，通过线上线下一体化教学模式，教师希望学生能更有效地预习和复习。同时，打破传统课堂中以教师讲为主的模式，通过平台上的资源互助学习、相互探讨，共同协作完成学习任务。以计算机函数嵌套为例，学生在领到任务一筹莫展的时候，可以通过观看相关知识点的视频，将嵌套函数的题目进行分解，通过实际操作了解函数中参数使用的意义，将知识点变得简单易学，更好地推动学生的思维发展。

四、职教云教学平台与教育教学的深度融合

在信息时代，人们的学习方式、学习习惯都随着技术的变更而不断地改变，从而引起教学结构中的教师、学生、教学内容、教学媒体之间悄然发生改变，教与学融合模式多样化。云教学平台为教学融合搭建了桥梁，教师们可以根据高职院校学生的特点，在平台上利用计算机技术共建优质教学资源，共同研讨教案设计思路，分享教学理念与心得，在教育管理中开拓新路径，实现教育教学的融合。

（一）教与学的相互融合

教与学的关系，是教学理论中的一个基本问题。教与学的过程实质上是师生互动，共同发展的过程。在传统的教学过程中，教师以单一的教为主，学生以单一的学为主，教师与学生的互动非常有限，使得教学内容与学生的认知产生了明显的偏差，教与学变成了两个独立的单位进行叠加，严重影响了教学的质量。而在信息化时代，以职教云教学平台为载体，信息的来源、信息的获取、信息的处理变得十分多样化，教师不再是课堂的权威，学生可以通过获取丰富的资源进行思考、体验，可与教师、同学共同讨论，分享成果，从而达到共识、共享、共进，实现教学相长的目的，同时，也提升了教与学融合的力度。

（二）学生学习方式的融合

通过学生事先学习平台上相关知识点的视频、微课和课件，改变了传统课堂上以教师讲为主的被动学习模式，学生可在平台上协作学习，共同完成学习任务，真正实现学生个性化、自主化、协作化学习。

（三）教师教学能力的融合

随着信息时代的到来，教师已不再是传递信息的工具，他们需要掌握更高层次教育教学的能力，并且需要快速地适应云教学空间带来的便利。在职教云教学平台上，教师可以共享、调用平台上优质的教育资源和教学内容，为学生提供丰富的学习内容，并利用最新的教育技术在整个课堂教学中进行展示。另外，教师可通过与本校、外校教师搭建教研空间，共同研讨课堂设计，更新教育理念，开阔教学研究的视野，分享教学成果。对平台的熟练掌握与运用，极大地提升了教师运用信息技术的理念，提高了教师驾驭信息技术的能力。大数据的采集和分析，改变了教师备课、教学、评价的方式。

（四）家长学校沟通的融合

家长通过平台上的动态数据，及时了解孩子在学校的学习、德育、成绩等方面的量化分析，达到了学校与家长及时、高效交流的目的。学校通过这些强有力的数据，可以预判学生的问题，从而正确引导家长在教育上的理念和方法。

总之，普及和应用职教云平台，是高职院校实现教育现代化、数字化、信息化的保障。对于高职院校老师而言，要充分利用职教云教学平台上的资源，丰富自己的教学内容，逐步提升信息化素养；对于高职院校学生而言，要借助职教云平台，对课程的学习内容和方式与教师形成共识，加强对教学过程及教学内容的了解与认知。最终达到加速教与学融合的目的，促进师生角色的转变，改变师生交流互动的方式，提高与拓展师生交流、生生交流、家校交流的深度与广度。

云教育时代，推进教育信息化

□ 王胜群*

【摘要】本文基于现阶段云教育的实施现状，分别从幼儿、教师和家长三个方面来分析云教育的实用性，并提出现阶段所存在的一些云教育问题，望能继续研究，扬长避短。

【关键词】云教育；云平台；信息技术

在人类文明的进程中，任何一类信息媒体技术都曾对教育产生过巨大的影响，在文字出现之前，教育的形式主要是以口授为主；出现文字后，教育的形式又发展成为书写、作业等；之后便出现了多媒体，在现代化教学实践中，多媒体的运用已经相当普及，信息技术正逐步向幼儿教育领域深入推进。教育云是云服务在教育领域的迁移、实现与应用，是推进教育信息化建设的先进服务模式，如今，随着信息技术发展步入云时代，教师的授课方式、学生的学习方式、家校的互动方式等都发生了质变。

一、云教育，开拓幼儿学习平台

新课改提倡在课堂上运用信息技术设备，采用多媒体手段组织教学。多媒体介入课堂，打破了传统的灌输式教学模式，是教学手段现代化的重要标志。除了常见的多媒体课件、视频等，我们开始启用云教育，其出发点和落脚点是提高教学效果。云教育打破了时空的限制，使交流更加便捷，更好地践行了“先学后教、以学定教”的理念，云端互动信息技术的发展推动着教学模式的变革。

* 作者系昆山市红峰幼儿园教师

（一）内容丰富云学习，网络学习更自主

以前的学习，学生都是被动地参与整个过程，由教师设计好了一些课程学生再进行学习。现在有了云平台的交互式学习环境，学生就可以按照自己的学习基础、学习兴趣来选择想要学习的内容。如果是在幼儿园，教师可以在云平台下载或是直接播放图片、视频等内容，让孩子进行实时学习；如果是在家中，那么学生可以在家长的帮助下，选择适合自己水平的内容学习，这样不仅激发了学生的学习兴趣，而且丰富了学生的学习生活，使自主学习变成一种习惯。

（二）安全教育云平台，安全训练互监督

我们将幼儿园的安全活动和苏州市安全教育平台联系起来，使老师、家长的教育与幼儿的自主学习和训练相结合，共同完成幼儿的安全知识学习和安全技能培养。另外，安全教育平台也为我们幼儿园进行安全教育的传播提供了便捷的渠道，我们能通过平台看到学生们完成安全训练的情况，从而督促家长帮助学生进行安全学习，以更好地进行安全教育，为学生的安全保驾护航。

二、云教育，提高教师专业素养

现在，我们幼儿园实现了网络全覆盖，教师可以通过云端进行空间记录、互相交流，充分发挥了各地、各园骨干教师的带头作用。

（一）电子备课云存档，教学知识共汲取

我们的备课从曾经的书写到后来的电子文档再到现在的云平台上传，经历了三个阶段。教学中，教师整理好自己的电子教案及相关课件，保存到教育云平台上，并把自己优秀的教案设计和相关资料添加到资源库，便于集体备课和教学使用，这样在备课中就可以实现“个人备、集体备、多次备”等各种方式，做到人人参与，共同提高。所有教师在云端共享资源，畅所欲言，拉近了空间距离，消除了时间限制，云消除了教育信息孤岛，使不同地区的教师互相取长补短。

（二）教学资源云储存，海量内容共分享

在昆山的“智慧昆山”云平台中，有一个云端资源库，教师可以将自己的电子资源（如音乐、图片、文档等）上传到资源库中，经过长期的积累就会形成一份不容小觑的个人教育资料，它对教师积累教学经验，提高业务水平都起到了相当大的作用，推进了教师的可持续发展。

（三）教研活动云讨论，群策群力共交流

在云教育平台上，教研负责人组建了一个“教研圈”，每月会有一个教研研讨活动，大家利用讨论功能，发布自己的教学困惑以寻求帮助，也可以给他人提出意见与建议，或支持、或反对、或争论、或鼓励，都对提升教师个人教学水平大有裨益。

三、云教育，建立家园共育桥梁

《纲要》指出：“社会学习是一个漫长的积累过程，需要幼儿园、家庭和社会密切合作、协调一致，共同促进幼儿良好社会性品质的形成。”幼儿教育是社会教育的重要内容，需要家庭和幼儿园共同努力。云教育系统的来临，为幼儿园和家庭之间带来了新的互动空间，实现了幼儿园与幼儿家庭网络平台教育的互动与共享。云教育系统最大的特色是可以让家长参与到学生的学习生活中，及时了解学生的学习状况及问题，使家庭学习成为课堂的有效延伸，真正做到幼儿园和家长、学生的有效互动。

（一）家园互动云传递，时空距离更贴近

家园沟通的方式有很多，如：家访、电话联系、面谈等。但这些都会受时间、人力等因素限制，而且面对的是个别学生，大大降低了沟通效率。特别是家长们的工作日益繁忙，接送学生的大多数都是老人，因此云教育互动平台超越了实际的时空距离，让我们教师和家长的信息交流变得更顺畅、更及时、更深入、更全面，让彼此的心更贴近，合作更紧密、更有效。家园互动中，我们还有专门的请假一栏，里面的项目十分具体，家长可以自主登记请假原因，教师会及时收到请假信息，以便了解学生情况，做好记录。这有利于幼儿园一日常规生活的开展，便于教师更好、更科学地统计学生们的缺勤情况。

（二）班级主页云展示，咨询动态更清晰

为满足家长与教师交流、沟通和相互理解的需要，我们的云平台中还有一个班级主页，班级主页的编排内容包括班级动态、班级相册、班级档案、日志、资源和友情链接。丰富的内容吸引了众多家长，家长们可以在家通过云平台回顾学生的在园生活，掌握孩子们的一手动态。

（三）电子汇报单云发布，绿色环保更私密

为了便于家长查收学生的综合汇报单，我们的云平台在期末的时候会给家长发送学生本学期的电子汇报单，上面涉及学生们的体智德美各方面的发展情况，方便家长了解学生在园学习的具体情况。云发布的形式，让家长能够第一时间收到汇报单，不用再像以前一样来园领取，并且家长可以利用云平台将其和学生之前的汇报单对比，进一步为学生制定学习和活动计划。云发布的汇报单会一直保存在平台中，不会像纸质的汇报单一样容易遗落，不仅环保且更私密。云发布的电子汇报单让家长看得更清晰、了解得更透彻，使家园共育更上一层楼。

在这个信息多元化、效率化的时代，资源的时效性和准确性无疑是我们整个云教育的主要优势。云教育可以将资源整合为中心，融入学习、教学、管理等工作领域中，实现教育资源共享，提高教育资源利用率，最终推动我们整个教育教学模式改革的发展，那么在云教育实施的过程中，是一帆风顺吗？答案当然是否定的，我们发现了教育云平台的不稳定性，云平台会因网络速度、在线人数等因素影响我们的使用感；另外，云平台存在安全隐患，云平台的共享导致网络木马、病毒等风险层出不穷，影响我们的资源安全；还发现了云平台的局限性，它需要网络、电脑或是手机才能登录……总的来说，云教育还需逐步形成健康有序的云储流环境，推动教育信息化、产业化和现代化。换句话说，尽管云教育的力量不可小看，但在利用教育云平台的教学中，应继续通过研究利弊有效地扬长避短，以此真正做到教育与云的有机结合。

参考文献：

[1] 张德成．浅谈教育空间“云”平台在教学中的作用 [A]．中小学电教，2015（7）．

[2] 赖岸玲．浅谈网络平台在家园沟通中的作用 [J]．中小学幼儿园教师职务培训，2016.

[3] 吴迪、刘章、刘成、刘思洋．教育“云”平台的利弊分析 [J]．产业与科技论坛，2017，16（2）：87-88.

[4] 李烨．基于“云”计算理念打造教育“云”的探讨 [J]．天津电大学报，2011,15（3）：47-50.

基于云计算的职业学校信息化探究

□ 张　巍*

【摘要】随着现代社会技术特别是计算机软硬件、网络传输技术的迅猛发展，信息化已经成为职业院校建设中必不可少的一部分。为了提高计算机的运行速度，人们通过网络传输并行，提出实现多台计算机并行计算的方案，以加快运行速度，因此有了云计算的概念。目前云计算的运用已经逐渐从实验级向应用级扩展。本文通过阐述云计算的特点和其采用的技术支持，分析职业院校在信息化建设方面的现状和存在的部分问题，最后提出几点改进建议。

【关键字】云计算；信息化；职业教育

一、引言

随着社会信息技术的进步，计算机软硬件和传输网络得以优化和发展，在科技创新的带动下，计算机科学及其应用技术理论在不断进步，网络云计算技术现已经从实验性初始阶段，发展到大型计算的企业级应用和校园局域网普遍应用等阶段。

二、云计算的特点、技术支持

云计算是基于互联网相关服务的增加、使用和交付模式，通常涉及通过互联网来提供动态易扩展且经常是虚拟化的资源[1]。云计算技术与前期的计算模式相比，能有效地利用计算机空闲资源，实现计算机整体优化，通过网络实现异地计算机之间的协作，有效提高资源利用率。

---

* 作者系江苏省吴中中等专业学校信息管理处干事

（一）云计算的特点

1. 超大的资源规模。据统计，谷歌云计算服务器已经达到百万级别，云计算通过传输网络实现计算机之间的连接，加快计算机运行速度。云能向使用者提供无比强大的计算能力[2]。云计算通过分布式计算机之间的协作，提升网络资源的使用率，大大减少用户计算机硬件的投入。

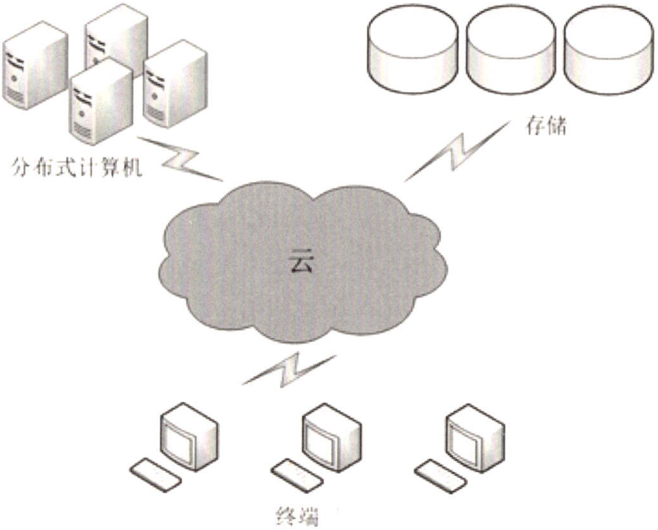

云计算的基础架构

2. 虚拟的网络服务。用户无时无刻不能使用云设备获取应用服务。用户向“云”请求资源，而不是向某台固定的服务器[3]请求资源。云计算环境下的软硬件技术发生具体的改变。用户不用了解自己运行程序的计算机位置，只需要一台终端，可以是手机也可以是笔记本，就可以使用云资源。

3. 性能的高可靠性。多个容错副本、互换同地位节点的计算机等措施可以保证云计算的可靠性，用户使用云计算的安全性更高，可以通过云存储复现丢失的数据，降低用户的损失。多功能性、高可扩展性和按需服务可用于在云端构建不断变化的应用程序。

（二）云计算的技术支持

云计算是分布式计算、并行计算、效用计算、网络存储、虚拟化、负载均衡、等传统计算机和网络技术发展融合的产物，以下是云计算的一些技术支持。

1. 架构体系。架构体系包括编程的模式、数据存储技术和数据管理技术。云计算技术的实现以虚拟的云空间作为其运行平台，其包含大量的网络信息与分布式服务，用户使用计算机终端完成自己的操作，使用平台计算机和存储完成用户的资源分配请求。

2. 智能化布置。云计算的实现基础是智能化，人们根据自身需求有效地利用云计算实现自身所需的服务。云计算根据不同用户不同的服务需求，智能地调动异域的计算机节点。同时，有两部分需要充分重视，一部分是工作流引擎，一部分是数据模型。

3. 资源监控。资源监控即云计算平台管理技术，云计算需要大量的计算机硬件设备，这些设备可以呈现不同时期的工作状态，因此针对这些设备，需要一个动态、实时的监控设备。

三、职业学校在信息化建设方面的现状

（一）基础设施的完善

校园内部基本实现有线为主、无线补充的网络环境，规范网络架构，落实安全管理策略，优化网络结构、拓展业务、安全防御等能力。同时，学校建立了实时的校园一体监控报警系统以及门禁道闸系统，保障师生校园安全与作息制度的规范。

（二）物联网技术运用与实施

学校提供的智慧一卡通，将校园卡与手机卡绑定，具有门禁、借书、用餐、购物等多个日常功能。同时在此基础上提供各类增值服务，如学生不在规定时间出校提供班主任报警功能，图书馆借书还书到期提醒功能，学生用餐自动充值续费功能，超市购物划卡消费功能等。

（三）平台信息的共享

通过对智慧校园基础平台的搭建，建设具有统一标准的基础数据库，并基于这个基础数据为各个处室应用系统提供基础性服务接口，通过整体集合并管理对应的应用，实现内部大数据信息共享，消除信息传递困难及不一致的问题，加强学校系统部门之间的交流并提高工作效率。

（四）数字化管理基本实现

在数据中心基础上，将院校内各应用系统统一整合，形成数字化管理，有效实现数据共享，消除多系统信息冗余问题，构建统一身份认证平台，实现办公自动化。除此之外，学校还建立主机虚拟服务器集群管理系统，建立容错机制，有效实现了系统标准化统一部署与管理。

四、学校实行云计算存在的问题以及改进措施

（一）学校云计算存在以下几个问题

1. 师生数据隐私性

部分职业类学校由于技术、经济、场地等条件的限制，需要将数据托管至云服务提供商。如何保证存放在提供商的数据隐私不被侵犯，是亟待解决的问题。

2. 访问数据安全性

主要分为访问权限问题以及数据完整性问题。有些数据是学校机密，数据的安全性关系到学校的生存和发展。倘若云计算数据的访问权限设置问题无法解决，会影响云计算数据的应用安全。

3. 师生的使用习惯

如何改变师生使用传统计算机上课教学的习惯，使学校师生逐渐具有云计算的概念，并让师生适应新的网络化软硬件课堂应用，是长期而艰巨的挑战。

4. 数据网络传输问题

云计算较依赖于数据网络传输，部分职业学校存在传输介质网速低且不稳定的情况，使得教学应用的性能不高。学校教学云计算的应用普及依赖传输网络关键技术的发展。

5. 缺少云计算技术标准

由于云计算的光明应用前景，较多的计算机厂商开始向云计算应用服务和产品转型，但在开发过程中，不同的生产厂商有不同的技术标准，这对于后期服务之间的互联操作造成了严重的影响。

（二）云计算的几种改进方式

1. 设置合理的访问权限

用户应该合理地设置访问权限，为了制约云提供商对存储数据恶意修改、泄漏，用户应对不同的数据设置不同的访问权限[4]。

2. 注重相关技术的机密性

云计算的服务商应采取相应的保密技术确保存储数据的安全，使用者应加强对账号和密码的保密意识，避免用户相关信息的泄露。

3 传输数据完整可靠

用户在传输数据和使用数据的时候要主动地避免数据存储错误，以防止影响云数据的使用，同时云服务还应加强对数据信息的维护、检验和管理，保证传输数据的完整性

和可靠性。

4. 完善相关法律法规

国家需要明确云计算统一的安全标准，制定与之有关的规章制度，并且保障实施者能有效落实这些相应的法律法规，为计算机网络云计算的运行和使用云计算的用户提供有力的保护[5]。

5. 加强技术安全管理

用户需要根据现有的实际情况，采取有效措施，从而确保云计算高效有序地运行[6]，进一步推动计算机网络技术的发展，实现计算机网络云计算的服务功能。

五、结束语

随着云计算的发展，网络学习将对职业学校教育产生积极的影响，云服务降低了传统职业教育中存在的时间和距离门槛，学生可以使用智能手机或者计算机终端接入网络，在任何时间任何地点学习，从而构建出动态开放的学习环境。

参考文献

[1] 宋果昇，苗文婧．智慧校园信息化建设关键技术的研究 [J]．数字化用户，2017, 23(36).

[2] 苑立娟，汪涛．云计算综述及其我国发展现状 [J]．才智，2011(7): 84.

[3] 徐达宇．云计算环境下资源需求预测与优化配置方法研究 [D]．合肥工业大学．2014(12).

[4] 张敏辉，赵锡奎．基于云计算技术的研究与探讨 [J]．数字技术与应用，2010(12): 59-59.

[5] 王洁．计算机网络云计算的浅析 [J]．电子世界，2017(12): 56-56.

[6] 冯毅．基于云计算的职业教育信息化建设的策略 [J]．天津职业院校联合学报，2012, 14(1): 53-56.

“云课堂”，遇见未来的智慧教学

□ 叶鹏松*

随着“互联网+”技术的飞速发展，信息技术与课堂的深度融合正日益走向教育改革的最前沿，借助互联网、大数据、云技术和各类智能移动终端，教与学正发生着巨大的变革。如何建构更为开放、交互、智能、生态并面向未来的教学环境，更好地满足教师和学生个性化、多元化、校本化的教与学的发展需求，正日益成为当下课堂教学变革的热点和焦点。

“云课堂”是“互联网+”背景下课堂教学深度融合的趋势所在，也是面向未来教育的必由之路。国内外对“云课堂”这一主题的研究都刚刚起步，就研究内容来看：整体上的研究都停留在相关的概念建构、技术验证、应用试点层面，研究深度与广度不足，“云课堂”的校本实践研究更是少之又少，有的已经在技术迭代更新中滞后，有的架构过于封闭和单一化，目前研究中尚缺乏系统性实践成果。因此，“云课堂”这一主题的研究值得深入探索。星洋学校“云课堂”整体架构正是在这样的背景下应运而生，它是在江苏省苏州市和苏州工业园区智慧教育的整体框架下的，学校立足“互联网+”背景下教学融合创新的校本实践研究而建构的一种全新的教学范式。

一、何谓“云课堂”

所谓“云课堂”，是指基于移动互联、跨平台智能终端，并融入云计算、大数据、人工智能等信息化技术的创新课堂，是可以满足师生线上线下资源分享、及时互动、精准评价和个性化教学体验，提供自由开放的交流互动环境，并能够突破时空限制的全方

* 作者系苏州工业园区星洋学校校长

位融合互动的学习空间。在“互联网＋”背景下，借助互联网、大数据、云技术和各类智能移动终端，立足系统思维，引入多元化优质云平台，从“云课堂”技术架构、组合形态、ICT应用策略、TPACK师培与大数据评价等多个维度进行整体性架构，创设更为开放、交互、智能、精准、自由的教学环境，打造面向未来的线上线下深度融合的课堂教学范式和管理评价体系，以更好满足教师和学生个性化、多元化、智能化教与学和发展需求。

二、“云课堂”研究什么

（一）“云课堂”运行方式及实施策略研究

“云课堂”立足价值引领，立足应用驱动，立足课堂创新，积极培育“互联网＋”教学理念与思维，重点依托工业园区“E+”互动和华中师大未来教室StarC3.0教学系统和平台，并积极尝试以结构化导图为支架，以多屏交互技术为支撑，与多元云平台、多学科App应用深度融合的创新教学，探索建构面向未来的“云课堂”教学运行方式与实施策略，不断丰富课堂的内涵。

从云教研、云教学、云评价、云直播、云问卷、云阅卷、云合作、云课程等八个课堂教学主要环节入手进行研究，重点结合“云课堂”图谱的八朵主干云，教学中教师可以根据需要灵活地选择相应的教育云。“云课堂”运行方式既可以整体进入云端，也可以只在某个环节进入，线上线下融合。同时教师可以加入自己学科的云应用，从而有效回避市场化运作的单一“云课堂”平台门槛高，以及对个性化校本实践束缚多的不足，给面向未来的教与学营造多元化的开放运行生态。结合常态化《学生课堂满意度云问卷大数据测评》和阶段性《学业调研大数据评价》，立足课堂，聚焦适切度、参与度、融合度和达成度，修订完善《ICT与教学深度融合高效课堂评价量表》，引导教师不仅关注应用信息技术优化课堂教学，同时更加关注应用信息技术转变学习方式；把握好技术和资源与课堂教学的融合点、发力点和增长点，以教法创新，带动学法优化，努力让学习更高效，更好地满足师生教学的交互性、多元化与个性化需求。坚持以生为本的价值引领，防止被技术束缚，为技术而技术，同时要避免技术对传统应试教学的过度强化。

（二）教师“云课堂”实践能力培育研究

“互联网＋”背景下，“云课堂”建设的关键还是在师资，而星洋学校作为区域“信息技术与学科融合”的基地学校和区域对外结对帮扶的示范学校，如何提升教师“云课堂”实践能力显得尤为紧迫。

结合《教师专业发展云问卷》和《学生评教云问卷》大数据分析，动态掌握教师结构、发展需求、成长计划，以需求为导向，问题为驱动，精准发力，努力为每一位教师专业发展提供个性化成长空间和服务指导；同时依托云教研、云直播、云课程，应用驱动，积极开展校本专题教研和承办省、市、区智慧课堂展示交流、培训研讨活动，树立典型，分享智慧，点面结合，积极建构线上线下有效融合的师培范式和创新发展生态，不断提高教师“云课堂”的实践能力。

对照《中小学教师信息技术应用能力标准(试行)》和教师专业知识能力 TPACK 框架，借力专家引领与区域指导，外引与内培结合，立足校本，立足课堂，立足师生发展，聚焦“互联网 +”时代教师五大关键能力——学习感知力、技术应用力、资源统整力、诊断评估力和学习发展力，引进与开发并举，深入实践，初步建构一套具有校本特色的“云课堂”实践能力实训在线培训课程，以及与之对应的培训模式与评价考核体系，满足教师标准化、个性化、碎片化学习需求，从线上线下两个维度，从理念和实践两个层面，同步提升广大教师的 TPACK 能力，促进“互联网 +”背景下教师的专业发展。

（三）“云课堂”教学方式下学生学习能力评价研究

云评价是深化“互联网 +”背景下课堂教学改革，引领课堂“应用驱动、深度融合”的重要策略和手段。学校“云课堂”整体架构中的每一朵云都对应着大数据的跟踪与测评。如借助班级云管理可以实现对学生课堂教学行为的个性化、过程性、大数据云评价，并达成学生、教师、家长对课堂评价的即时分享与深度互动，对学生学习状态、学习方式、学习能力实现可控化管理；如借助易加互动平台对学生学习情况实现即时性、个性化、互动性评价，线上线下评价及师生、生生评价同时互动进行，实现“云课堂”教学方式下学生学习能力的大数据精准评价；如通过班级优化大师或 ClassDojo，老师对学生行为表现评价进行分类赋分，日积月累，可以实现形成性评价和结论性评价的有效统一，同时还可以即时分享给家长，方便家长随时了解孩子课堂表现，并与老师有效互动；再如借助云阅卷和云问卷系统，不仅可以减轻教师机械劳动的负担，还可以形成学生学习能力的大数据的自动采集、精准分析、及时反馈和精准导向智能化推送，不断引导教学评价由单一经验型向经验和基于大数据的实证的融合型转变，更加精准化、智能化地导教导学。这些都有待在“云课堂”教学实践中深入研究。

三、“云课堂”研究的策略

以“应用驱动、深度融合、创新发展”为指导思想，深入实施《教育信息化 2.0 行动计划》，坚持“高起点规划、高标准建设、高质量办学，以教育信息化支撑和引领教育现代化”，成效显著。

（一）课题引领，聚焦前瞻

学校管理层通过校本调研和教育发展新趋势分析，提出了积极探索移动互联、云计算、大数据及人工智能技术与资源应用和学校教学管理的深度融合，积极营造泛在化、个性化、智能化的“互联网+”教育创新生态，以学生为主体，变革育人的模式，以课堂为中心，变革教与学的方式，优化教师教法创新，推动学生学法自主化与多元化，突破传统师训模式的瓶颈，达到师生共同成长与发展的目的，实现建一所遇见未来学校的新的办学设想。

2015年12月，园区教育局沈坚局长等领导陪同中国教科院王素主任莅校调研指导，为学校主课题“‘互联网+’背景下教学融合创新的校本实践研究”“‘互联网+’背景下‘云课堂’整体架构的创新实践研究”和《星洋学校教育信息化五年规划（2015—2020）》问诊把脉，进一步明确了抢抓“互联网+”给学校带来的新发展机遇期，从线上、线下两个维度，从教师的教、学生的学、学校的管三个方面，从规划、建设、应用和创新四个层面，全面系统推进星洋学校未来建设的发展。

得益于专家领导科学的论证与顶层设计，星洋学校在建设与发展中，做到了科研规划与设计实施同步，硬件环境与软件应用同步，资源配置与教师培训同步，教育传承与创新发展同步。经过不断地探索与实践，2017年4月，学校主课题及其孵化出的15个省级课题与8个市规划课题顺利开展，面向未来的智慧教育探索正式起步，做到了教育管理与教学的全学段和全学科覆盖。所有参与研究的人员积极探索、不断实践，一年来共发表信息化主题研究论文70余篇，获奖300多次。其中《浅议“互联网+教育”在中小学的重点、难点与热点》《融合创新，建一所预见未来的智慧学校》《“互联网+”背景下教师专业发展动力变革的校本创新实践》等文章发表于《中国信息技术教育》《江苏教育研究》等杂志上。

（二）优化支撑，创新环境

学校从2016年起全面启用基于华中师范大学StarC平台的未来教室应用系统。目前南北校区共配置6间双板教学系统未来教室，其中一间是200平方米的未来学校研究中心，包括主动学习区、非正式学习区、个性化学习区和创造探究学习区，还配备互动教学系统、直录播系统和3D打印系统，可以全方位满足各学科课堂创新实践需求。普通教室均配备86寸交互触控一体机，并实现了普通教室StarC系统的单板化，凭借全空间的Wi-Fi覆盖，同样可以承接移动互动教学的各种应用场景，更有利于教师常态化的应用实践。2017年5月学校又全面启用园区智慧教育新成果——易加互动平台，两平台各具特色，相互融通，很好地满足了师生个性化的教学需求。

为了更好地满足师生多样化教与学实践的需求，学校放眼世界教育技术软件排行榜，以及国内外行业优秀软件，重点购置、引进、推广了包含先进教育教学与管理理念的优秀信息化专家平台与App应用，如Inspiration、Mindmanager、Camtasia Studio 、NoBook仿真实验室、GeoGebra、几何画板、动易网站平台（含移动版）、Moodle课程管理平台（含移动版）、Wiz云笔记知识管理与协同平台、Ispring在线课程发布平台、SEEWO白板5云端一体化备授课平台、微信直播平台、易加OA系统、云问卷系统、班级云评价系统、有痕云阅卷系统等，引进国内外优秀学科教学资源，含各类移动端应用资源，如微信号、小程序、H5仿真实验及新浪教育风云榜龙头App等。软件的应用也日益多样化、个性化、国际化，有效降低了教育信息化建设与应用的技术与资源门槛，显著提升了教育与技术深度融合的水平与绩效。

学校还在图书馆、大厅、廊道等区域配备了超星阅读终端机，结合超星学习通App应用，阅读终端机可为师生乃至家长提供线上线下融合的海量阅读资源。同时依托园区易加互动、华中师范大学StarC3.0、校园Moodle等平台，自主开发、引进开发并举，积极打造具有校本特色的数字教学资源库，不仅用于课堂教学，同时用于教师培训。截至2019年3月8日，我校共建设课程3704节，建设练习11909题，师生登录291875人次，有效促进优质资源的共建共享。

通过软、硬环境的系统化创新，立足应用驱动，逐步达成了对学校教育教学管理的流程再造，潜移默化地改变着学校的发展势态，有力支撑了学校对未来教育的探索与实践。目前，软、硬平台已成为师生展示课改创新成果、孵化未来教育的阵地与窗口，并多次在中央电化教育馆、教育部国培项目中展示分享，累计接待观摩人数达数千人，取得了良好的示范辐射效应。

（三）外培内研，变革研训

为了培育面向未来的教师，学校一方面积极选派优秀骨干教师参加诸如上海智慧教育论坛、成都未来学校国际研讨会、华中师大未来教育论坛等全国省市专业培训和高峰论坛，及时汲取最新的教育理念和技术资源；同时不断深化与华中师大的课程开发与合作，积极邀请专家学者对教师进行培训指导，不断更新教师“互联网 +”背景下的课程观、教学观、育人观。教师外出培训结束后必须进行学习收获的分享，根据教师工作的特点，我们主要是采用线上培训和学习的方式，要求外出学习的教师将学习心得录制成微视频，发布到学校 Moodle 课程管理平台，其他教师则根据自己的实际情况选择合适的时间学习。

作为园区信息技术与课程融合培训基地校，学校对照教育部发布的《中小学教师信息技术应用能力标准》和《国家教育事业发展“十三五”规划》，在以往线下学习培训的基础上，创新引入 Moodle 课程管理平台，从形势背景、规划标准、理念理论、技术资源和实践创新五个方面进行系统架构，积极构建面向未来的线上线下融合的体系化培训课程。重点立足课堂，创新驱动，打通理念、技术、资源、策略与模式建构的壁垒，通过一线教师创新案例的论坛分享，推广普及如“移动教学”“翻转教学”“MOOC 教学”“易加互动教学”“双板互动教学”“Moodle 互动教学”“概念图支架教学”“STEAM 教学”“创客教育”等创新实践，树立典型，分享智慧，表彰先进，激发教师学习热情和实践动力，努力在应用中实现创新，在创新中不断融合，不断提升信息化背景下教师的 TPACK 五大核心能力，即学习感知力，技术应用力，课堂统整力，评估诊断力和学习发展力。

（四）立足课堂，深度融合

我校明确坚持立足课堂教学，立足应用与创新驱动，立足项目与课题研究，积极培育“互联网 +”教学理念与创新生态，不断从技术、资源、策略与模式建构等方面对传统线下教学进行融合再造。在积极探索和丰富实践的基础上，以“移动、交互、合作、翻转、创客”为特征的星洋“云课堂”应运而生，它是在苏州市和苏州工业园区智慧教育的整体框架下，立足星洋学校“互联网 +”背景下教学融合创新的校本实践研究而建构的一种全新的教学模式（见图 1）。

“云课堂”为“互联网 +”背景下未来课堂中的师生需求搭建了个性化的云超市，教学变得更为多元、灵动、自由，并在实践应用中呈现出开放性、先进性、融合性等创新特征。

为全方位引导好基于星洋“云课堂”的创新教学实践，学校结合《中国学生发展核心素养报告》和《21 世纪学习者技能》，修订完善了《星洋学校 ICT 与课程整合 / 融合课堂评价量表》，该评价量表不仅关注应用信息技术优化课堂教学，同时关注应用信息技术转变学习方式，不仅用于课后评价，更重要的是前置性指导教师做好教学设计，把握好技术和资源与课堂教学的融合点、发力点和增长点，不断优化星洋“云课堂”的组合形态，打造具有学段、学科和教师特色的个性化“云课堂”。同时立足“参与度、适切度、融合度、达成度”四个维度，分别从学生的主体性、教师的主导性、课堂的生态性、教学的有效性等方面不断深化对“云课堂”的内涵评价。学校领导率先垂范，给老师们做了很好的榜样。笔者也坚持深入课堂，用自己的教学实践向教师们展示“云课堂”的风采，学校全体行政人员纷纷亮相“行政示范课”，党员教师带头执教“党员先锋课”，骨干教师的“骨干引航课”也起到了示范作用。为凝聚智慧，2016 年起，我校每年 11 月开展基于校本研究的“融合创新 • 高效课堂”系列主题活动，包括公开课展示、论文征集、论坛分享等，展示成果，总结经验。截至目前，该活动已经成功举办了三届，既总结了经验，培训了教师，锻炼了学生，又对区域内信息化教学产生了较大的影响。

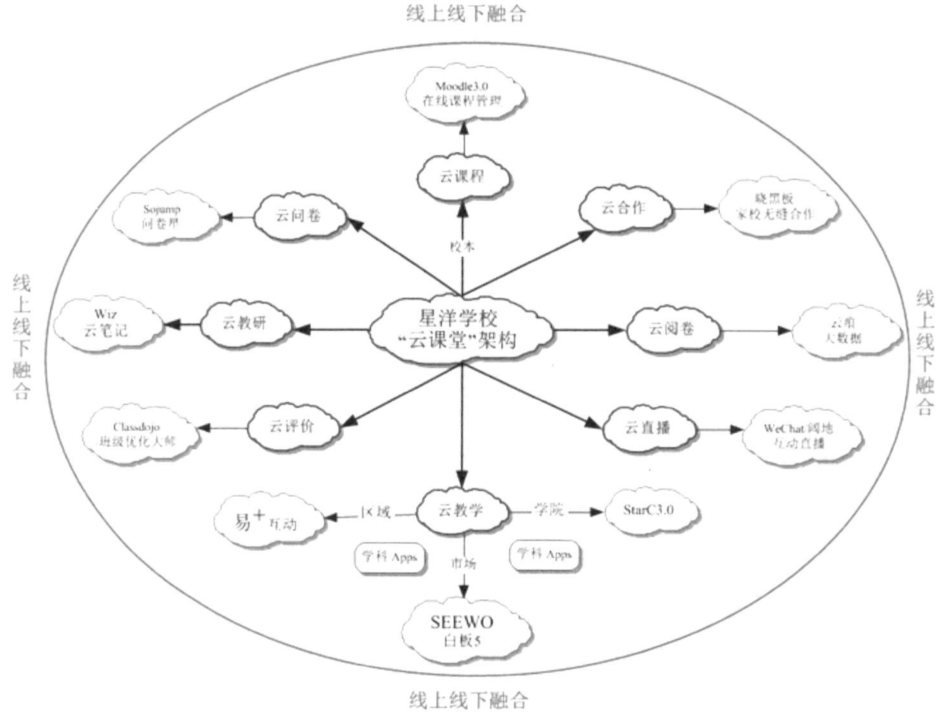

图1：星洋学校“云课堂”架构

（五）辐射引领，形成效应

星洋学校的“云课堂”不是一个空洞的口号，也不是一个空泛的概念，而是扎扎实实的实践行为。这些实践行为不仅丰富了“云课堂”的内涵，也在区域内外起到了示范、辐射和带动作用。

自2016年以来，学校连续成功承办苏州市首届智慧教育展示月、苏州市教育学会“面向未来、融合创新”和“数据驱动、精准教学”智慧课堂展示研讨活动，成功承办园区“信息技术与学科融合”主题培训活动，并率先在园区全程采用微信直播的形式在线发布分享，呈现了跨越时空未来教学的生动模式，此外微信直播还被我校广泛地应用于家长学校、共同体研讨与跨校区互动教学等诸多领域，初步建构了具有创新特质的“云课堂”架构与教学生态系统。

为进一步展示分享省前瞻性项目“云课堂”的建设成果，2019年4月1日，我校承办了中国智慧工程“全国第四届翻转课堂本土创新暨微课程教学法”教学观摩活动，来自全国二十多所名校的四百多名教师参与了学习交流。2019年4月10日，我校承办了苏州市教育学会“‘云课堂’促进适合的教育”智慧教育课堂教学观摩研讨活动及园区教师教育基地“信息技术与学科课程整合”专题培训活动，在活动中我校共开设了31节“云课堂”智慧教学展示课，受到了近200名教师的一致好评。省教育学会副会长、秘书长陆志平、省教研室主任董洪亮、省教研室赵华、吴举宏老师莅临指导，苏州市教育学会、园区教育局、教师发展中心、教育学会领导亲临现场指导，来自新疆霍尔果斯国门中学的十多名教师也一同参加了观摩研讨活动。陆志平副会长还做了基于活动主题的“新的场景，新的教学——‘互联网+’背景下的教学变革”报告，受到了老师们的高度赞赏，也为星洋学校“云课堂”发展指明了前行的方向。

此外，我校每周开展一到两次与贵州铜仁、新疆霍尔果斯友好学校的互动教学，同时每年接待来自全国各地教育信息化学习参访团数十批次，积极展示分享星洋“云课堂”的实践探索与苏州市和工业园区智慧教育成果。

四、“云课堂”带来的智慧变革

“互联网+”并非真正的魔法师，真正的魔法师应该是具有“互联网+”思维、勇于变革的教育实践者本身。先进的理念离不开实践的支撑，星洋学校立足应用驱动，引领学校各项工作朝着未来学校的方向变革和发展。

（一）教学方式变革

1. 平台交互化。师生可以自由选择需要的云平台，教师用移动终端接管桌面，使学生既可以在交互一体机上动手操作，也可以在平板电脑终端参与互动学习，StarC 系统和易加系统都可以随时采集反馈学生的学习成果，实时展现在屏幕上，并帮助教师根据现场情况进行批注点评和个别化指导。

2. 学习个性化。不论课前课后，学生都可以自主选择需要的多样化移动课程资源，开展自我导向学习和自适应学习，课堂上的交流反馈从时间维度和空间维度得到拓展，线上、线下实时互动，校内、校外无缝衔接。

3. 反馈精准化。教师对学生课外、课堂学习结果进行当堂测评反馈，并给出统计的量化结果，及时呈现，发挥了信息技术手段在实时展示，精准反馈评价上的优势，让不同层次的学生的学习情况都能得到充分体现。

（二）教研方式变革

1. 教研协同化。学科组引进 Wiz 云笔记作为云教研平台，采用以下基本流程：线上研课阶段，主备教师设计教案上传至云教研平台，教研组教师可以在评论里提修改建议或直接同步编辑修改，每一步修改都会被保存，直至定稿；现场观课阶段，主备教师执教，其他教师进行分工微视角观课，并通过 Wiz 云笔记进行课堂音频和图文实录，课后笔记可借助云平台群组分享或在线发布；线上评课阶段，大组教师在此基础上进行线上线下研讨，并在云平台发表观课评课意见，聚焦一节课或一个主题形成生态性教研云资源。

2. 学习现场化。教师外出学习时，通过 Wiz 云笔记记录现场情况，附上所思所想，并上传至云平台，实现非现场老师同步学习、一人培训多人受益的目标。Wiz 云笔记的使用拓展了教研时空，教研效度也因此得到倍增，让教研成为资源共建、智慧共享、随时随处发生的一种方式。

（三）作业方式变革

1. 时空开放、样式灵活的作业越来越多。语文学科使用了“超星阅读”，数学使用了“洋葱数学”，英语使用了“易加口语”，物理使用了“物理大师”，地理组使用了“3D 秒懂地理”，美术组的“乐印之美”微信公众号也成了学生喜爱的学习平台，科学类学科还统一引进了跨平台跨系统跨终端的 NOBOOK 仿真实验室和海码 3D 课堂，并通过晓黑板 App 密切家校联系，积极培育家校共育文化生态。学生不用像以前那样只能埋头于笔端，他们的学习方法变得日益多元：网上问答、制作 DV、文稿配音、PPT 展示、概念图、思维导图与微课制作、自主学习单等都可以成为作业样式，作业的效度和亲和性得到极大提高，学生同样大有收获。

2. 用途多样、反馈及时的作业越来越多。录音、动画、微课等既可以成为作业的载体，也可以作为学困生再次学习的素材。同时作业布置与诊断得到大幅优化。大数据的实时分析，使得学生作业的反馈可以得到十分精准、十分快捷的呈现，实时统计，实时反馈，及时指导。借助云痕大数据错题整理、自动组卷等功能，作业与习题的布置也更加精准化，减负增效日益显现，学生逐步成为自主的学习者。在苏州市线上教育中心首届评选活动中，我校有 18 个班级获评“线上学习先进班级”。

（四）评价方式变革

依托园区易加课堂教学和 StarC3.0 未来教室双板教学在线诊断系统，及时掌握学情，立足数据驱动，引导教师动态调整，精准指导，有效提升课堂教学的针对性与实效性；引入云痕阅卷系统，优化测试答题信息的自动化采集与大数据 AI 分析，把教师从烦琐的数据采集和忙碌的教学中解放出来，把学生从过重的作业与考试负担中解放出来。立足于大数据的实证研究，让教与学更精准、更高效、更智能。学校对学生的学习情况、教师的教学情况、专业发展规划情况、教学管理情况、后勤食堂服务情况、家长对学校评价情况、教师评优评先等都通过问卷星 Sojump 云平台进行发布和回收，每学期问卷数万份，不仅免除了受访者的现场压力感，也使得评价更趋于真实客观，评价的维度更加丰富，评价的容量更大，以及大数据的分析反馈更为精准便捷，师生之间，管理层和教师之间，教学和后勤之间，家长与学校之间交流评价也更加透明有效。通过评价了解工作的实效，促进教与学、管理方式、服务方式的优化，真实有效的评价使师生受益，促进学校发展步入快车道。

（五）师培方式变革

师资培训实现在整体规划的基础上，向时空更加自由，媒体形式多样，培训效果倍增的方向发展。借助 Moodle 课程管理平台，将教师培训日积月累的内容如专家报告的 Office 文档和音频视频、专题网站和资源链接等分类别、分专题进行整理，即时上传，在线开发，动态完善，随时发布，随时学习；借助 Moodle 自带课程管理功能，如学习日志、讨论区、作业递交、在线测试等模块，可对教师学习进行实时跟踪、交互、测评、反馈。由于 Moodle 可以跨平台运行，教师可以在 PC、平板电脑和智能手机终端自由切换学习，学校还引进超星学习通云阅读，其丰富的电子期刊与书籍可以很好地满足教师线上、线下培训的多元化、碎片化需求。这些平台的运用，促进了师资培训循环递进式的发展，实现了师资培训效果的多维立体提升。

（六）管理方式变革

教学管理中，面对日益多元的研习方式，面对日益密切的教研协同，日益繁杂的诊断考评，日益精准的分析需求，日益迅捷的分享发布……学校需要积极思考。学校在前期探索的基础上，引入 Wiz 云笔记搭建知识管理与协同分享云平台，优化教学与管理；引入阔地视频会议系统，推进线上线下融合教研；引进晓黑板云平台，无缝对接家校沟通；引入易加 OA，信息发布签收，流程跟踪反馈，方便快捷；我校经过一个学期的自主开发和调试，2019 年全面启用星洋版企业微信，在企业微信管理平台中增加了各项审批流程，如请假管理、文印申请、物品领用、报修申请等审批功能，规范了学校管理工作的流程并提高了学校管理工作的效率；依据学校需求开通了疾控上报医务室功能、文件盘功能；在管理平台中，学校个性化地整合了简道云，开发了室场预约管理、教研审批、外出培训管理等功能；整合腾讯文档，便于教师工作文档的协同编辑和表格汇总；整合问卷星，让各类问卷、数据统计与管理更加便捷；添加了工资查询通道，让老师们随时随处可查询工资情况。平台中各类数据汇总一目了然，真正实现了教育管理流程的再造和优化，真正实现了数据治教和数字治校。

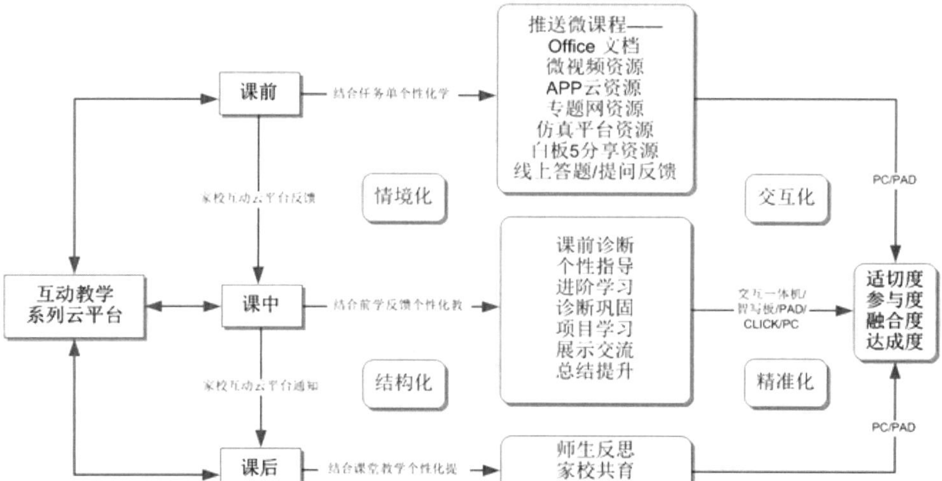

图2：星洋学校“云课堂”基本教学范示

“云课堂”实施以来，全校教师共发表主题论文 70 余篇，获奖 300 多次，开展各类优质课、公开课共 242 节次，“一师一优”课县级以上获奖 31 节。项目组编撰了“云课堂”学习资料一册，“云课堂”成果集一册。以主课题“‘互联网 +’背景下‘云课堂’整体架构的创新实践研究”为主脉，衍生出一个中央电化教育馆课题和一个省规划重点自筹课题，同时孵化出 15 个省级信息技术课题，8 个市级规划课题，课题研究形成循序渐进、层级递进的模式，为课题研究提供了动力和活力。立足“参与度、适切度、融合度、达成度”四个维度，修订完善了《星洋学校 ICT 与课程整合 / 融合智慧课堂评价量表》，并在此基础上初步形成了“互联网 +”背景下“云课堂”的基本教学范式（见图 2）。

“‘互联网 +’背景下‘云课堂’整体架构创新实践研究”不仅入选了江苏省教育规划十三五重点自筹课题，学校也因此先后获评“国家级智慧校园”示范校、“大数据应用示范区”基地校、“数字化学习示范区”实验校、“E+ 互动平台”先进试点校和园区科研型特色学校，并于 2019 年 3 月以区域总分第一的好成绩通过 2018 年度“江苏省中小学智慧校园”创建市考核组现场评审，成功走出了一条具有区域特色的遇见未来的智慧教育创新发展之路，受到了包括《光明日报》《江苏教育研究》在内的多家媒体关注，实现了办学规模与内涵品质的同步提升。

环境构建、模式创新，全方位打造“云慧校园”

——苏州科技城外国语学校智慧校园实现路径

□ 赵士田*

一、“云慧校园”概况

从计算机、互联网、多媒体等数字化技术逐步进入校园，到交互式电子白板（一体机）、虚拟仿真实验等技术在“班班通”建设、数字化校园建设中的应用，数字化教育蓬勃发展中各种数字技术丰富了教与学的过程。当前移动终端、物联网、云计算、大数据、VR/AR、PBL 等纷纷进入教育的视野，刺激着研究者和教育实践者去拓展学习的概念和开展学习环境的设计，推动着学习环境的研究与实践从数字化走向智能化。信息技术的发展成为促进教育教学变革与创新的重要动因之一。

苏州科技城外国语学校是一所国际化、生态化、科技化、人本化的学校。科技化是我校四大办学特色之一，结合办学理念，学校提出“云聚未来慧悦人生”的“云慧校园”概念，综合运用云计算、物联网、移动互联、大数据、社交网络、人工智能等新兴信息技术，构建智能感知环境和新型的教育教学空间，为促进信息化与教育教学的深度融合提供保障。建设内容分“基础环境建设、应用平台建设、资源共享库建设、师生创新能力提升建设”四方面进行。

建设目标是：

其一，建成高速、稳定、安全、可靠、技术先进、扩展性强的基础环境体系。

* 作者系苏州科技城外国语学校校长助理

其二，建成结构合理、扩展灵活、模块化设计的应用平台，实现智慧管理、智慧教学、智慧研训、智慧生活。

其三，建立提供优质数字教育资源服务的校本资源库，形成面向教师、学生、家长，互连互通的知识共享服务体系，搭建个性化网络学习空间。

其四，通过将教师与学生的使用体验和智慧校园的改进与创新相互融合，促进全校师生的信息化素养提升。

二、“云慧校园”实施的过程

（一）“云慧校园”基础环境搭建

1. 全覆盖物联的校园网

学校骨干网采用千兆光纤传输，全校覆盖无线网络。根据学校的情况将网络划分为三大部分：教学区、办公区、微机教室。通过合理的虚拟局域网划分以及流量限制、行为管理等措施提高网络的运行效率和安全。同时学校利用智能终端建设物联校园，为智慧教育构建良好的生态环境。

2. 全方位监测的智慧安防

全校摄像头数量为500多个，后台流媒体服务器和存储服务器约有12台。通过完善的智能校园安防系统实现对校园视频监控、周界报警、紧急呼叫求助报警、电子巡更、学生出入控制、访客管理、红外温控等统一的管理和控制。

3. 开放共享的智慧教室

在全面实现每个教室拥有多媒体设备的基础上，引进智能声光系统，保证教师光线和声场的均衡。学校以人工交互、三维仿真、虚拟现实、人工智能、大数据、3D打印和模式识别技术等为基础，进一步升级改造现有学科教室、实验室和图书馆等教学功能场室，增加可交互智能设备设施，逐步搭建了以智能制造、生命科学、宇宙探索、智慧阅读、艺术创作等为特色的“一一三六创新实验室”。具体是：一个以学校一楼科普活动区的建设为平台的虚拟体验中心；一个创智长廊互动墙，以学校三楼创智空间的长廊为平台，建设12至15块体现学科知识、有视觉画面感、体验性强的互动项目，让学生参与项目的互动，在互动的过程中学习科学知识，体验科学的神秘，增强学习的主动性；三个实现远程交互、教学行为记录与分析、自动录播、微课制作的未来教室；六个配备智能传感器、平板电脑等智能学习终端的智慧教室。

（二）“云慧校园”应用层搭建

“云慧校园”应用面即智慧校园建设涉及的各类应用，包括OA协同办公、教学活动、科研活动、外联管理、能源管理、设备运作、校园文化生活等方面。苏科外从功能视角入手，确定“云慧校园”应用层包括智慧管理、智慧教学、智慧研训、智慧评价、智慧服务等内容。

1. 智慧管理：一体化智慧校园管理平台

考虑到学校目前一些信息化管理系统功能相互分离，系统间的数据无法实现共享和同步，同时由于我校学生、员工人数剧增，信息呈爆炸性增长，为了便于学校信息快速传递和充分共享，提高部门的工作效率，学校提出整理信息化解决方案，正在开发一套一体化校园智慧管理平台。平台覆盖学校管理的核心环节，主要由数据中心、十大系统、微信公众号、移动校园平台组成，分别是数据中心、内网门户、协同办公、招生管理、教务管理、学术管理、校车管理、公寓管理、人资管理、财务管理、资产管理、库存管理、微信公众号和移动校园平台。平台支持中英文双语言环境，开发周期为一年，于2019年9月先行上线一部分功能。

平台计划达成的目标：

统筹管理：实现多校区、跨区域、多学段的统筹管理，标准化工作流程，以提高管理精细度。

一体化管理：一站式管理招生、财务、教学、教务、升学、家校等核心业务，以实现数据实时传输和共享。

智慧管理：运用人工智能、数据挖掘等新技术搭建，形成数据报表和图表，为学校提供数据分析和决策支持。

全过程管理：覆盖学生学习生活周期，多维度记录学生学术评价、德育表现、活动能力的综合评价。

2. 智慧研训：“博慧书苑”教师研训平台

在信息化的时代，教师的性质与工作职责要求教师必须成为终身学习的先行者和示范者。学校于上学期提出成立“博慧书苑”，打造多元立体、专业有序的教师进阶培训体系。培训内容涉及八大课程板块：教育教学培训、基础常规培训、科研能力培训、专业技能培训、人文素养培训、企业文化培训、个人规划培训、管理能力培训。

为了创新现代信息技术环境下教师培训的新模式，建立基于云计算、结合大数据和人工智能技术的开放型培训平台。学校与“苏州云学堂”合作，构建了“博慧书苑”教师智能化研训平台，目前已经上线使用。老师们可以随时随地地通过培训平台进行跨平台、碎片化的学习，真正实现全员移动在线学习。

平台目前可以供老师进行线上学习、线下学习、O2O混合模式学习、视频微课、培训直播等，依据学分体系建立教师学习记录。通过平台的大数据看板、报表中心、学分体系，实时掌握学习状态。各学部、教研组可以根据需求定制不同的培训计划，为教师按需提供差异化的专业培训和指引，构建基于项目、兴趣的教研协作社群，促进教师群体成长。

3. 智慧学习："博慧学堂"学生学习平台

学校搭建面向学生的网校平台，运用远程教学系统开展远程互动教学，通过视频直播、远程互动等形式为学生答疑解惑。为学生搭建个性化网络学习空间，提供课程选修、在线学习、直播课堂、考试测评、学习分析、资源推送、师生多渠道互动等功能，为探索个性化学习、翻转学习、深度学习等新型教学模式提供支撑。实现多维度的学业成绩分析，以清晰、直观的图表形式显示统计结果，对学生的综合素质进行全面评价，建立学生综合素质管理体系。

4. 智慧服务

目前学校已经实现车位管理系统、来校访客系统、办公室可视对讲、校车监管、家校互通、校园E卡通、在线缴费、在线预约、科外鲜生生活驿站等服务。

三、云慧资源共享库建设

学校开发了苏科外云资源共享平台，结合远程互动录课教室、"博慧书苑""博慧学堂"搭建云资源平台，教师原创或收集的教学资源（包括网络课程、课件、文档型资源、试题库、视频等）全部统一存放到学校的云存储平台，教师无论在校内还是校外，都可以上传、管理资源，学生无论在学校还是家里，都可以使用资源，合作学校的教师与学生同样可以分享我校的教育资源。

四、师生创新能力提升建设

在"智慧校园"的建设中，一切的规划和设计都应该围绕学生和教师发展这一主题进行。智能化的教学设施、丰富多彩的校园生活，为学生与教师共同创造了一个和谐的校园环境。

（一）构建"智慧教师"培养模式

智慧校园建设以信息技术为基础，在提升教师信息技术使用能力的基础上，积极利用云技术、大数据技术等实现对当前教学方式和教学流程的创新，以智慧化平台为基础，促进教学信息、科研信息的开放性，促进各种信息的高速流转，帮助教师积极地吸收新知识、新信息，为创新意识的培养和创新能力的提升奠定基础。在加强教师对智慧校园建设中各种硬件设备和教育软件的认识和应用培训的基础上，增加对教师进行3D打印、虚拟实验以及录播教学等方面的培训，构建智慧校园下“数字教师”的培养环境，促进教学方式、评价方式的数字化，让教师能够充分体验并享受智慧校园所带来的变化。

（二）重构教师研修体系

依托“博慧书苑”教师研训平台，积极构建教师研修的公共服务体系，对信息化教学能力提升课程进行积极研发，围绕教学标准和教师日常工作需要，积极开发教师创新意识和创新能力培训课程，研发信息技术实用课程，以此来形成教师教育课程资源开发的标准流程，通过信息化的研修平台来提升教师的创新意识和创新能力。构建围绕教师发展的“教学—教研—科研—培训”四大场景的完整发展体系。

（三）注重学科整合实践

美国伟大的哲学家、心理学家、无神论者和教育改革家John Dewey先生说过：“如果我们一成不变地沿用过去旧的方法来教现在的学生，那等于夺走了他们的明天。”将知识看作是孤立的学习已是过去式，综合运用，按照主题来打破学科之间的壁垒，探索基于国家课程重构的项目式学习，发展核心素养才是必然的要求。苏科外从2016年开始研究PBL项目式学习，重点打造科外STEAM教育阵地。在实施STEAM教育中遵循这样一条路径：以全面普及的STEAM课程建设为保障，以项目式学习方式为引导，帮助学生提高解决创造性问题的能力，从而有效提升他们的创新意识和能力。目前探索了17个校本课例、6间功能室、2个互动场。

从数字化教育到智慧教育，这不仅仅象征着教育信息化中技术的数字化转为智能化走向而促发的“形变”，更蕴含着信息技术促进教育变革所追求的“质变”，尤其是教育文化的创新。以智慧教育引领教育信息化创新发展，带动教育教学创新发展，最终指向创新型人才的培养，已成为教育信息化发展的必然趋势。学生选择一所学校，无非是看三大核心——师资、资源和课程。学校将依托云平台，继续在应用创新实践、教师能力建设和寻找教学前瞻性等方面探索，努力实现“云慧校园”目标。

“弇山阳光”智慧校园评价平台建设的研究与思考

□ 肖燕芳*

【摘要】 在“弇山阳光”智慧校园建设的过程中，我们针对评价平台的建设，不断探索新思路，开发新功能，依托电子班牌，以“校园教师版”平台推进“阳光银行”研究，实现教师全员、学生全体、课堂课间全程的过程性评价；借力智慧教育云平台，提高课堂教育质量，实现教师的智慧化管理，从而建设具有“弇山阳光”特色的智慧校园。

【关键字】 “弇山阳光” 智慧校园评价平台

当今世界，信息技术水平飞速发展，大数据、物联网、人工智能不断推陈出新，信息化正在改变着社会、改变着我们的生活。教育部在“十三五”规划中也提出“以教育信息化带动教育现代化”这一理念，在这历史契机面前，我校教育的变革也已刻不容缓。在此背景下，我校努力寻求建设富有特色的学校文化的路径，改变现有的教育管理弊端，申报并成功立项了苏州市“十三五”重点规划课题“依托‘阳光银行’构建弇山阳光学校文化的实践研究”，旨在以课题为引领，以技术为手段进行创新性的学校管理，从而建设具有“弇山阳光”特色的智慧校园。

一、厘清管理现状，研究建设思路

“弇山阳光”智慧校园研究工作开展的前提是设备。我们经过对多家软件公司的设备和平台的调研，综合考虑学校的现状、资金、设备情况，确定了以电子班牌为基础，搭建“弇山阳光”智慧校园平台，开展富有学校文化特色的智慧校园建设研究。

* 作者系太仓市弇山小学教科室主任

在电子班牌安装到位并初步使用后，为寻求更好的建设思路，我们以本校在职教师和全校家长为对象开展了调查研究，调查的方向主要涉及原有的学校管理模式和学校即将开展的智慧校园建设两个方面。其中面向教师共发放调查问卷79份，共收到61份样本，其中有效样本为61份，有效率为100%。面向家长共发放调查问卷1496份，共收到1160份样本，其中有效样本为1160份，有效率为100%。

教师的调查结果显示：老师们普遍认为目前学校设置的“阳光银行”中“表扬”项五好（吃好饭、走好路、做好操、上好课、写好字）和“待改进”项评价指标契合日常管理与教育教学工作，占比100%。说明我校教师对学校设置的“阳光银行”的评价指标持肯定的态度，认为其能较为全面地从教育教学方面评价学生的表现。但老师们也提出了需要增设具有学科特点的自定义评价指标，让学科的评价更全面、更具体且具有学科特色的建设。

老师对于电子班牌的云端平台功能（电子班牌、学生管理、家校联系、考核评比等）应用是否有利于教育教学管理工作的调查显示：其中33位老师持肯定意见，占比54.1%；28位老师持不确定的意见，占比45.9%。说明一部分老师对于智慧校园这一新事物的掌控能力有未知感，持观望态度。学校要从搭建“校园教师版”App功能，完善“阳光银行”评价指标的使用开始，以智慧校园建设为契机，树立信心、克服困难、相互学习、共同提高。

家长的调查显示：参与调查的1160名家长中，有1150名家长安装了“阳光银行”的“校园家长版”App，占比99.17%。有94.83%的家长收到过教师通过电子班牌发送的作业、通知。这些数据说明家长对于利用数字化软件对学生进行评价持肯定和支持的态度。但未参与调查的家长有336名，占全校家长数的22%，说明这部分家长一方面可能未参与调查，另一方面可能未安装App。有5.17%的家长未收到教师通过电子班牌发送的信息，说明教师对于电子班牌的应用未普及到100%，还有部分教师在观望，需要学校进一步加强推进的力度。在这些应用“校园家长版”App的家长中，有70.17%的家长通过App给老师发送过信息，有48.71%的家长给孩子发送过留言，说明“校园家长版”App的功能在家校沟通中起到了有效的作用，受到97.24%的家长的认可，值得进一步推广应用。

通过厘清现状并加以分析研究，我们确立了在电子班牌基础上，以“校园教师版”平台推进“阳光银行”的学生评价和教师评价，以智慧教育云平台推进教育教学管理的“弃山阳光”智慧校园一体化研究初步建设思路。

二、改进评价指标，做好平台建设基础工作

“弇山阳光”智慧校园评价平台建设的首要任务是评价指标的设定，只有在完善的指标评价体系的基础上，评价平台的建设才有意义，推进工作才会得教师、家长的认可和配合。

我们模仿银行货币存储的运行机制，搭建完成了“阳光银行”课堂评价体系。总体思路是以“常规管理”为基础性评价，设定“五好”评价指标，即：吃好饭、走好路、做好操、上好课、写好字。以“主题活动”为个性化评价，设定“X”自定义评价指标，包含实践活动、荣誉、比赛获奖、好人好事、值日岗位（值周岗）、品德表现等。

在实际的操作过程中，我们发现，单一的激励性评价指标对学生的帮助不大，有奖必须要有对应的惩，学生的过程性评价才会更全面，更有效果。因此，我们把“阳光银行”课堂评价体系分解为两个部分：一是激励指标，“五好”评价指标和教师个性化评价指标双管齐下，主要对学生在课堂积极思考、团队合作、探究学习等方面予以鼓励表扬；二是待改进指标，对应“五好”的“五待改进”指定评价指标和教师个性化评价指标。主要是对学生作业完成度、课堂表现、安全意识等予以改进评价，真正实现对教师全员、学生全体、课堂课间全程的过程性评价。

三、开发 App 平台，实现学生智慧评价

有了比较完善的评价指标体系后，我们着手开发“阳光银行”评价平台，将之嵌套在“校园教师版”App 程序中，利用“校园教师版”App 与电子班牌相结合的形式把学生成长的全过程性评价以“阳光币”的形式进行量化。

在开发的过程中，我们发现只有把“阳光银行”评价平台化繁为简，让老师简单易操作才会被老师所接受。只有全面地体现学生的全程的过程性评价，以简驭繁，才能得到家长的支持和认可。因此，“阳光银行”平台设计以学生为单位，让学生单人、小组、多人及全班进行组合式评价。同时引入了银行的“借贷”模式，以项目的形式让学生进行“贷款”，以贷促进，使之成为激励学生发展的利器，加强家校合作的助推器。

“阳光银行”评价的操作以手机 App 人脸识别或是点击学生姓名操作的方式进行，方便老师能够在课堂快速完成，提高课堂教学效率。为了在课堂上给学生更直观的展示，我们开发出了配套的电脑端程序，实现了手机端、电子班牌端、电脑端的数据同步，让学生能实时看到老师对自己的评价，让家长能实时了解自己孩子在校的表现，让教师能及时掌握学生的发展过程，做到了评价的及时性、准确性和完整性。形成以周、月、学期、年为单位的电子档案，实现了“校园教师版”系统“阳光银行”对学生的实时评价功能。

四、依托两大平台，实现教师智慧管理

教师的日常工作主要是教育教学工作及家校联系，要实现学校的“弇山阳光”教师智慧管理，家校联系主要依托于“校园教师版”平台，教学工作主要借助于智慧教育云平台。

“校园教师版”除了“阳光银行”评价功能，还包括班级的“作业/通知”“请假/考勤”等功能，方便教师与家长进行及时的沟通，同时有助于学校及时了解教师开展教育教学工作的情况，对教师的工作做出准确的评价。

在“校园教师版”平台建设过程中，我们还开发了具有校本培训人脸签到功能的应用，对教师校本培训进行智慧化的管理，实时掌握教师的校本培训情况，摆脱以往手工签到、统计的烦琐工作，实现教师培训的智慧评价。

教师的智慧化管理除了日常，主要的落脚点还是在教育教学工作上。学校成立了智慧教育云平台应用领导小组和工作小组，开展以智慧教育云平台为基础的教师评价体系的研究，正式开启“弇山阳光”智慧课堂新模式的创新之路。

在研究过程中，开展对“互动课堂”“教材资源”“课前导学”“在线检测”等应用的研究，对教师在平台上上传的教学资源进行过程性的评价。对“互动课堂”的应用确定以点带面、全员推进的策略，选定了10个实验班级和11位重点学科老师作为研究对象，成立教育云平台应用共同体工作小组，由实验老师在全校做“智慧教育云平台”应用的公开课展示，再由点到面进行全员推进，开展全校性的技术辅助应用常规课活动。让技术不再只是展示，而是走进普通课堂，走近每一位学生，让学生、教师都深切地感受到技术支撑下的教学给课堂带来的生机与活力。

在“弇山阳光”智慧校园评价平台建设中，我们不断探索新思路，开发新功能，下一步我们将在学生评价的覆盖率、公平性和家长的关注度方面下功夫，“依托电子班牌，提升养成教育实效；借力教育云平台，提高课堂教育质量”，向着办百姓满意的学校的目标不断努力、不断前行。

教师实践

如何为职业院校实训教学提供有效云服务的探索研究

□ 黄　利*

【摘要】云时代的到来给教育带来了新技术和新革命，让构建以学习者为中心的全新教育生态成为可能，并趋势明显。本文以酒店管理专业为例，针对实训教学，探索个性化、有效性云服务的开发实践。

【关键词】实训教学；云服务；开发

一、云服务的政策背景

过去未去，未来已来。无处不在的移动设备、数不胜数的云平台为人们知识的获取提供了更多方法和途径，学生的学习环境逐渐从传统课堂走向数字化。云时代背景下，2016 年教育部印发《教育信息化“十三五”规划》并提出：实施职业教育数字资源试点专项，国家示范性职业学校数字化资源共建共享计划，以先建后补方式继续开展“职业教育专业教学资源库”建设，推动职业院校广泛应用。2019 年国务院印发的《国家职业教育改革实施方案》进一步强调：健全专业教学资源库，建立共建共享平台的资源认证标准和交易机制，进一步扩大优质资源覆盖面。由此可见，数字化资源及云平台是提供云服务的重要支撑和必备载体。

* 作者系苏州旅游与财经高等职业技术学校国际酒店管理教研室主任、副教授

二、实训教学的云服务现状

（一）云服务现状分析

自 2011 年“国家示范性职业学校数字化资源共建共享计划”启动以来，各校相继开发了大量的数字化精品课程和资源库，但聚焦教学一线，却尚未形成数字化资源“课堂用、经常用、普遍用”的信息化教学常态。以酒店管理专业为例，通过主要数字化资源平台统计（见图表 1）分析得出：从数量上看，目前各平台中酒店管理专业相关课程总数占比非常少，资源数量较多的为国家数字化学习资源中心，仅约占 2%，其他几个平台平均约占 1%。从类型上看，主要为微课、教学录像（集中表现为公开课）、微课大赛作品展示、技能大赛参赛视频等，课程存在重复建设，主要集中为中西餐服务、茶艺文化展示、前厅服务、酒类制作等，且课程缺乏系统性。从指导实践教学上看，以大赛为牵引、以展示为目标的数字化资源对实践教学的指导性不强，聚焦老师的视频资源对学情关注度不够。由此可见，优质数字化资源的匮乏和共享机制的缺失成为制约职业教育信息化发展的因素之一。

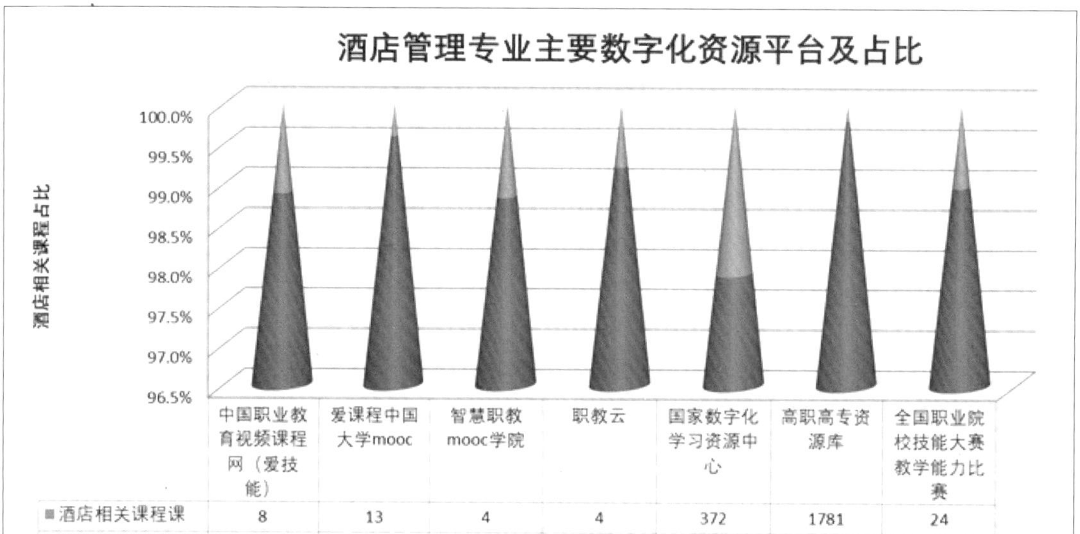

图表1：酒店管理专业主要数字化资源平台及占比

（二）实训教学对云服务的需求分析

职业教育以培养适应社会主义现代化建设的高素质技术技能型人才为目标，因此必须重视学生实训能力和职业技能的获得。实训教学要求学生在真实环境或者仿真环境中进行反复训练，在活动过程中熟练掌握某种专业技术技能，这是培养学生职业技能、实践能力、应用能力和创新能力不可或缺的教学环节。高效的实训教学需要基于学生的主体地位、必要的实训环境、即时的教师指导和充分的实训时间，而云服务恰恰可以弥补传统实训教学模式的不足而带来高效的实训课堂。

经调研，实训教学存在的困难主要来自三个方面：

1. 实训教师方面。目前职业院校的实训教师多是高校应届毕业生，技术技能薄弱，实训教学经验只能来自“师徒”传承以及在教学实践中长期不断摸索，一名优秀的实训教师的成长周期较长。

2. 实训环境方面。不同学校由于专业发展规划有侧重，导致某些专业的实训条件不够完善或设施设备更新不及时等，学生缺乏真实的实训环境。

3. 实训效果方面。老师往往通过操作演示辅以言语描述技术技能要点，由于班容量大，有些学生看不见、看不清教师的示范动作，一堂课从教师示范到学生模仿再到纠错改进，课堂效率并不高，多数学生处于完全被动的状态，简单模仿，不去思考，缺乏兴趣，学生个体差异问题也得不到有效解决。以上主要问题都可以借助云服务中的数字化资源、虚拟仿真技术及平台的大数据分析等解决，这对云服务来说并非难事。

三、数字化资源的开发是云服务的重要支撑

本文所提数字化资源的内涵是基于这一概念狭义层面的理解，即依据实训教学特征、学习者特点进行设计并开发的供学习者自主学习的教学视频、微课、慕课、动画、音频、多媒体课件、数据文件、模拟仿真软件等。

（一）开发原则

1. 以生为本，激发操作兴趣

实训的传统学习资源主要是教材和教师的示范，与之相比，数字化资源则更能吸引学生，但仍要充分考虑资源的呈现形式是否有利于激发学生浓厚的学习兴趣，经调研统计，视频、动画、微课、音频等形式更加受到广大学生群体的欢迎，因此开发时应该充分发挥不同媒体技术的优点。

2. 借助智能技术，攻克技能难点

数字化教学资源的开发绝不是为了技术而技术，而是为了通过智能技术攻克实训教学中的难点，能将隐形部分显性化，让技术技能点更加直观；同时满足个性化学习需求，学生可以自主选择学习内容、学习进度和学习次数；智能技术还可提供师生互动平台，使教师可以及时解答学生在自主学习过程中产生的疑惑。

3. 优化教学设计，提高学习效率

借助数字化教学资源，实训课堂可以从传统的“以教师为中心”的课中拓展至课前、课中、课后，不仅仅是有了充足的实训时间，更重要的是优化了教学环节。课前学生根据平台发布的任务，通过网络搜索引擎、文献检索工具、平台的教学资源等完成任务；课中教师可根据任务完成的情况进行反馈并有针对性地纠正指导，在此基础上布置课中任务，利用数字化教学资源，“以学生为中心”，实施分组完成任务、自评、互评、师评等一系列教学活动，教师不再是单纯的“示范者”，而是“引导者”“观察者”“援助者”，充分实现“做中学、学中做、教学做合一”；课后，布置任务巩固所学、拓展所学，平台上师生交流互动。实训教学在学生积极主动获取知识和技能的氛围中更加高效。

（二）开发思路——以酒店管理专业为例

酒店管理专业包含了多门实践性较强的实训课程，因此在资源的开发过程中要特别注重课程的系统性、内容的完整性和技能的主体性。

1. 以课程为依据开发基本资源和拓展资源

在资源开发之前我们首先仔细梳理课程体系，结合酒店行业的主要部门结构、重要工作岗位以及该行业对技能人才的实践要求，我们将实训课程归为三大类，即餐饮类、前厅类和客房类，围绕这三类课程开发建设基本资源和拓展资源。基本资源中包括课程介绍、技能教学标准、技能评价指标、电子教案、多媒体课件、实训案例和数字化作业和试题等资源。拓展资源中包括技能竞赛过程、技能之星、工匠精神等影音资源。

2. 以核心技能为主线开发特色资源

酒店管理专业所涉及的技能点比较多，需要针对三大类实训课程梳理出核心技能，围绕核心技能开发一系列的教学视频、微课及慕课。其中教学视频既可以是教师的示范教学视频，也可以是优秀学生的展示视频，既可以向学生提供个性化学习和移动式学习资源，也可以方便教师对实训教学过程的记录和反思。

3. 以技能难点为抓手引入新技术，开发虚拟仿真软件

在资源的开发过程中我们始终在思考如何攻克技能教学难点，我们找到传统实训教学中存在的三个学习障碍：一是看不清、看不见；二是课后实训缺乏指导；三是实训条件有限。例如我们引入三维动画技术尝试解决“餐巾折花”的技能难点，将餐巾花的折叠技法通过三维动画技术显示，营造折叠过程中的空间感，让学生全面掌握显性和隐性的技法，提高餐巾花的折叠质量。这一技术还支持热点设置，动手能力较弱的学生可以通过求助热点，分析强化技能的难点并学习。课后学生也可在没有教师示范指导的情况下依托手机载体播放进一步训练提高技能。开发虚拟仿真软件的目的是解决第三个障碍。实训设备的不足、损耗多、成本高等因素一直阻碍着实训教学的高效开展，如酒店管理专业的宴会设计课程，需要配备大量色彩丰富的布草、不同主题的场景、不同风格的餐具，但在现实中很难达到要求，如果拥有一套虚拟仿真软件就可以解决这些难题。软件通过色彩的变化为我们的台面设计配备了足够的布草，通过搭建不同主题的餐厅，设计不同款式、质地、颜色的餐具为学生提供了一个虚拟的仿真的空间，让学生能够拥有沉浸式的体验，打开创新创造的空间，锻炼自身的设计能力。

图1：借助信息技术的实训场景模拟

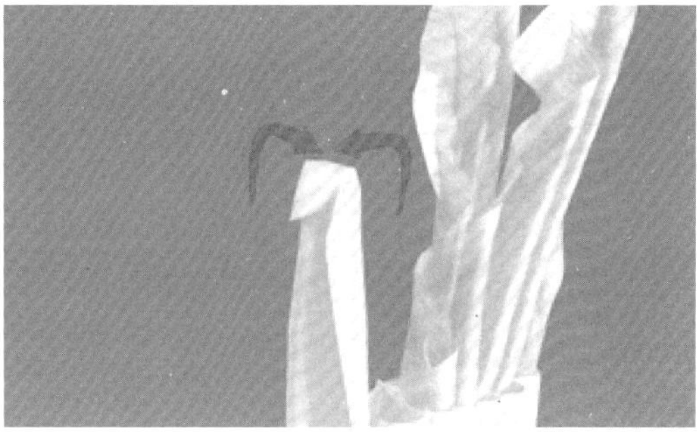

图2：折花难点的热点解析

四、教学平台是云服务的必备载体

（一）平台的教学功能

平台能根据数字化资源的种类和数量，合理设计平台结构，整理出师生各自教与学的空间。学生在学习空间中可以自由检索感兴趣的学习资源，可以自由选择学习模块，可以自由控制学习进度，可以完成教师布置的任务，手机终端服务也为学生提供方便快捷的移动学习体验，满足学生“人人皆学、处处能学、时时可学”的需求；教师在平台

上能够构建实训任务和发布任务，组织学生的学习过程，制定作业与考试的考核权重等。

（二）平台的评价功能

基于大数据，平台可以科学评价教学。为了采集各种教学数据，对教师“教”和学生“学”的动态过程和最终结果进行即时诊断与客观评价，我们要充分利用实训教学平台，运用信息技术对数据进行收集和分析，准确地评价教师的教学行为和学生的学习行为，得出详细的过程性教学评价，对传统实训教学注重结果性评价做很好的补充，从而构建科学的实训教学评价体系。

（三）平台的共建共享功能

师生可以在IP限制范围内下载教学资源，上传自己的资源。通过平台的运用和推广，建立师师互通、校际互通、校企互通的共建共享机制，组建团队，确定建设任务，制定质量评价标准，逐渐形成稳定成熟的共建共享教学共同体。

五、开发过程中的其他建议

（一）加快提升教师的信息化能力

在“信息化 + 教育”时代背景下，职业院校教师的信息化教学能力是专业素质的重要组成部分。在开发数字化教学资源的过程中，鼓励教师全程参与设计和制作，“做中学，学中做”，才能更快培养教师的信息素养，提升信息化教学能力。

（二）建立校企合作开发机制

实训课程内容会随着新技术的发展不断更新，其教学设计、教学视频等也会随之调整变化，数字化资源的开发建设需要校企紧密联合，及时了解行业技术技能新动态、新发展，从而更快、更精准地对现有教学资源进行补充或纠正，并且不断拓展与行业接轨的数字化教学资源。

（三）协同兄弟院校共建资源

不同学校、不同区域都有各自不同的教学特色，采他山之石方能攻玉，我校希望能借助这一平台集大家智慧，共建优质资源，打造一个系统功能完善、实用性强、交互性好的酒店管理专业实训教学资源平台，从而不断深化该专业教学的标准化建设。

基于云教育线上线下混合教学的研究与实践

□ 顾建荣*

随着社会与信息技术的飞速发展，教育与网络技术的深度融合由理论研究逐步走向操作实践，信息技术在教育领域的应用逐步显现出来。在网络应用无处不在的今天，微信、支付宝等电子支付方式在大部分情况下代替了传统纸币，给我们生活带来了方便，信息化生活走入我们的视野。而在现代教育的今天，教育与信息技术逐步走向融合，信息技术在教育领域中的应用价值凸现出来，探索性虚拟学习环境模式也逐步向未来无线虚拟学习环境模式发展，教育云的全面应用给云教育提供了必备条件，云教育成为一种全新的教育理念和教育实践，给教育带来了新的发展机遇，真正给教育打开了一扇窗，透射进来五颜六色的光芒。《教育信息化十年发展规划（2011—2020年）》及《教育信息化“十三五”规划》都明确指出，深入推进信息技术与教育教学深度融合，推动数字化校园和智慧校园的建设。

随着国家“十三五”规划的推出，关于云教育的理论研究和实践探索越来越多，云教育已成为一种新的教育理念和教育实践。在今天云时代的背景下，云服务、阿里云、腾讯云、云计算、教育云……层出不穷，似乎整个社会都在步入云时代。那么面对在教育云支撑下的云教育，我们该怎么样去教育教学？这是对我们当下的教育教学提出的新的要求：从“教什么”“怎么教”向“学什么”“怎么学”“如何评价”转型。

早在2001年新课程改革之时，国家在《基础教育改革纲要（试行）》中就提出“逐步实现教学内容的呈现方式、学生的学习方式、教师的教学方式和师生互动方式的变革，

* 作者系江苏省震泽中学校长办公室副主任、信息中心主任

充分发挥信息技术的优势，为学生的学习和发展提供丰富多彩的教育环境和有力的学习工具”。在云教育时代，我们需要适应教育的客观需要和学习的主观需要，在基础教育阶段中实践与探索，以实现线上线下混合教学方法的转型。

一、云教育的特点

云教育主要是利用云技术进行开发，结合教育教学的应用，将教学与学习资源推向云端，教育平台内的教师、学生、家长以及教育管理者成为一个系统内的应用者，只要一个账号、单点登录就能开启一个虚拟的大门，在同一平台上，根据不同的权限进行不同的学习与工作，将教学、学习、互动、评价、管理甚至娱乐功能也融入平台的应用。云教育平台包括云教育管理平台、云教育教学平台、云管理生活服务平台以及云教育科研学习平台等，这些平台数据融合，互通互连，成为一个综合的大宝库，通过大数据分析，支撑云教育教学的运行。

云教育是一个互联网平台，目前我校的云平台部署于吴江区政务云上，云技术是由中国电信、中国移动以及区政府办信息管理部门提供支撑的，我们只要以浏览器为基础，就能实现单点登录，一人一账号。云教育平台所有数据全部部署在云端，包括应用、日志、附件等数据也全部在云端，增量备份于学校本地，保证了数据的安全性。我校最大的亮点是云教育服务的个性化。我校在苏州市教育局的支持下，成为首批试点智慧校园项目实施学校，学校根据自身特点，结合各处室、各年级需要，2018年成功开发智慧平台，并成功运行一年多。我校基于云服务的智慧校园平台，基于学校基础数据库，为全校师生和家长提供综合应用服务：基础设施即服务（包括云主机、云存储、虚拟机等）、平台即服务（包括基础数据库、清洗平台、应用平台等）、软件即服务（包括短信、邮件、应用模块、虚拟桌面等服务）。云

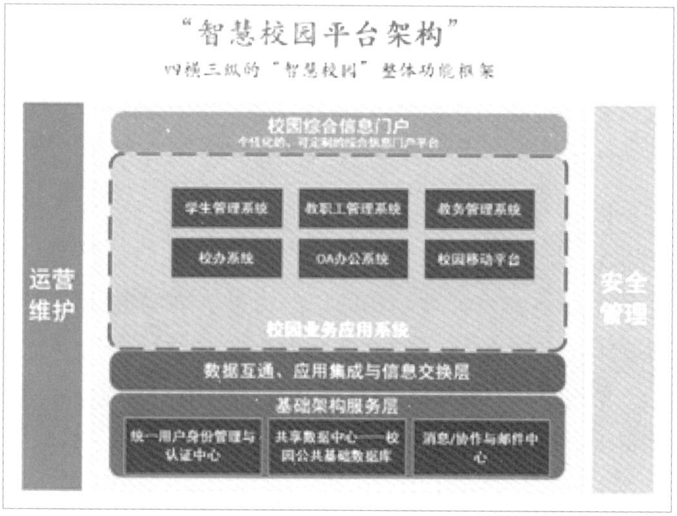

智慧校园平台架构

教育平台的内容是开放的，权限模块化，教师可以根据学科特点进行备课，学生可以按学科、按单元从任何一知识点进行学习，支持丰富的格式（如音频、视频、文字、图形、动画等），满足多感官的需求，促进学生对知识点的掌握与理解。

二、线上线下混合教育教学研究与实践

线上线下混合教学是教师利用信息技术、云技术、网络技术和教育教学相融合产生的一种全新模式，教师可以利用互联网或移动终端、云计算或终端触屏黑板等现代信息化设备构建成网络教学平台，并形成章节单元库，学生可以在学前或学后进行预习、测试、实验等前期准备，平台中的视频、微课、动画、PPT、课堂教学设计以及教学资料可以提供给学生自主学习与课前讨论，推动内容纵深学习。而对于线下的课堂学习，教师可以根据线上的学习情况进行更具针对性或更为详尽的讲解，彻底解决学生的疑问，帮助学生快速掌握学习重难点，达到目标。通过线上线下融合，师生教与学的积极性与针对性全面得到提高，成为教育教学改革的亮点。

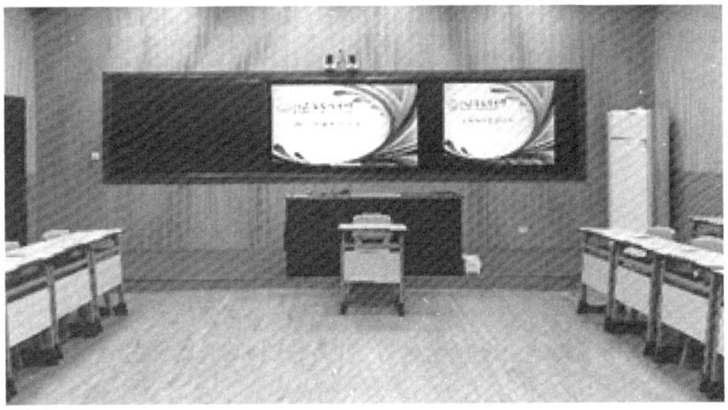

未来教室

（一）教育教学平台的选择

学校在 2015 年 11 月成为苏州市智慧校园首批实验学校，在教育局的支持下开发智慧平台，实现家校互联。每一个教室我们都安装了希沃 85 英寸大屏触控一体机，结合相应的云教育平台，引入“智学网”平台，我们通过二次开发，使平台数据与学校智慧校园同步实行云化，平台数据实现教师个人主机与云平台同步，教师共享每节课课前、课后的相关资料（如课件、视频、教学设计、知识点延伸等），教室 85 英寸一体机实现课堂展示，既可以当作黑板也可以当作终端讨论平台，课堂中每一位学生可以通过平板电脑进行随堂测试，也可以抢答性答题，活跃了课堂的气氛。课堂的即时反馈使教师

实时掌握全体学生的情况，云平台的大数据分析可助力教师调整课堂内容。课后，云教育教学平台中学生的讨论、测试、提问的记录等成为教师“因生施教”又一个重要参考依据。学生的讨论成为教师课堂的主要内容，这种教学模式促进了学生对本课内容的理解。

（二）教学设计的转变

在传统的教学中，一个教案加上课堂中问题的提问即可成为主线，这种教学方式不能使教师关注到每一位学生。而云课堂中的教学设计，由平台作为支撑，通过数据分析教师能实时掌握每一位学生的学习情况，这对教师教案提出了更高的要求，教师不仅要将“以学生为主体，教师为主导”作为教学理念，更为重要的是要有对课堂内容适时调整的应变能力，任务驱动与问题导向是设计课堂的主旋律。通过云课堂和技术手段可以让教师实时知道每一位学生对知识的掌握情况，所以教学设计不再是单一的问题型，而是一对多型、互动型、拓展型，要让每一位学生成为课堂的主人。

云环境的互动课堂

（三）学习方式的多样化

在云教育平台的支撑下，碎片化学习成为可能，学习方式更为灵活和开放，个性化学习将成为常态。在“信息—知识—能力”三位一体中，知识是建立在信息的获得基础上，而能力又是在获得知识的基础之上，可见信息的获得与学习是基础中的基础。云教育和云学习更加强调获得信息和知识的能力，使学习方式、评价方式等发生了彻底性的改变，更有利于终身学习。具体看来，学习方式的转型表现在：

第一，从单一式向开放式转变。云教育是一种开放式的教育理念，强调学习的开放性，逐渐改变了过去那种认为只有在教室才能进行学习的理念，将学习变成一种集娱乐、交流、学习与互动于一体的开放式学习，而且打破了教育者与学习者之间的那种单纯的教学关系，形成教与学之间的多种互动关系。在教学设计时，需要充分考虑学习方法的变化，来推动教学设计的变革，改变以往一对一的互动，走向多对多的互动新模式。

第二，从个人学习向合作学习转变。一直以来，我们在教学中强调个体的单独学习，特别是在中小学“以考试成绩论英雄”的环境中，学生之间更多的是单打独斗，而不是真正的学习共同体。在云教育和云学习平台上，学生与教师、学生与学生、学生与家长、学生与专家 、教师与教师、教师与专家等多个学习主体之间能形成各种实时的学习反馈和交流 ，能在整体与个体平台中进行对话与交流，能共同面对问题并进行分析和解决，形成学习共同体。在教学过程中，如在实验室时，需要小组合作，需要发挥每一位学生的能动性，小组协作完成一个项目的实验，成果呈现以小组为单位，这大大提高了学生的合作意识。

第三，从固定时空的学习向移动时空学习转变。传统的学习方式受到时间和空间的限制，学习往往是在规定的时间段进行的，而随着当代无线通信技术（4G，目前正步入5G）的发展和延伸，各种移动终端，如智能手机、平板电脑等各种网络化终端的出现与普及，学生可以随心所欲地通过浏览器登录云教育平台，实现随时随地进入学习环境，获得课前学习资料、课堂教案、教学辅助资料等的目标，结合社交软件如QQ等辅助于学习或进行答疑，改变过去那种固定的学习模式，实现移动学习、碎片化学习、按需学习，为终身学习创造了条件。

第四，从忽视差异性向重视个性差异转变。尊重差异和体现差异是当代教育所需要追求的目标。云教育平台中的各种教育资源是免费的、便捷的、低碳的，具有多样性，在平台中可以查看各位教师对同一内容的解读，让学生根据自身的学习经验和学习兴趣，自由选择适合自己的学习内容和学习方式。真正做到“关注学生不同特点和个性差异，发展每一个学生的优势潜能”，通过学习的差异性和个性化来促进学生的发展。

（四）教学评价的转型

第一，评价多元化。师评、生评、自我评价等多元评价主体呈现。

第二，学习评价方式多样化。在云教育平台中，测试后评价，生与生互动后评价，也可以按成长曲线方式进行评价。

第三，学习评价的实效性和实时性。在云教育教学平台上，教师与学生进行实时交流与互动，能及时对学生学习的结果进行判定，将评价结果信息及时反馈给学生。

第四，学习评价不仅关注学生的学习结果，也关注学生的学习过程。在云教育教学平台环境下，教师更加重视学生学习过程中知识与技能的掌握以及学生在学习中过程与方法的形成，情感态度价值观的培养，实现对“三维目标”的过程化评价。如：在我校教师（以语文教师为例）授课时，云平台会自动生成对本课的评价，并在课后发送给学生填写，最终在后台生成评价曲线。

（五）混合模式的教学评估

要实现教育教学方式的转型，需要全校师生具有云教育和云学习的理念。教师是课程的实施者，教师的思想、价值理念、心理、行为等方面直接或者间接影响着学生的学习方式、学习内容、学习效果等，教师的存在与意识就对云教育和云学习产生重要的影响，因此，要实现线上线下教学混合模式的转型就需要教师做好充分准备，保持自身知识的更新。

学生是学习的具体操作者和执行者，学生一方面要具有云教育的理念，深刻认识到云教育和云学习的重要性，产生云教育和云学习的兴趣；另一方面，学生需要掌握一定的云教育和云学习的能力，具备信息技术应用能力，才能更好地进行云学习，实现学习方式的变革。

云平台可以让家长参与进来，让家长关注，实现家校共建。云平台可以让家长了解到子女的成长报告，改变了过去传统的学习理念，学习不仅仅产生于课堂，现有的电脑、手机也可以用来学习，从而帮助家长引导子女参与到形式多样的学习中来。

三、云平台的运维

教育云环境下的云平台，需要一定的资金保障。虽然云服务大量省去硬件服务器的采购成本，实现虚拟化统一管理模式，技术先进，克隆方便，可以短期内部署相应虚拟服务，但需要资金支持，需要每年进行投入，后台需要大量运维服务，因而需要教育管理部门的大力支持。

云平台技术不断在进步与优化，结合中小学各阶段的教学，需要过程个性化的配置，使其符合各学科教师的使用需求，需要优化平台技术支持（如：理科数学会产生公式，化学产生分子式等），同样需要第三方技术的介入。

这种先进的混合教育教学模式，不仅需要学校领导的支持，更需要教师将具体相应的技术能力与学科进行整合，从而具备融合教学能力。

云环境下的混合教育教学需要更多的实践与探索，需要我们为之共同努力。

例谈云课堂在初中地理教学中的应用

□ 陈智伟*

【摘要】在现代科学技术的影响下，教育教学方式发生了重大变化，云教育渐渐为人们所熟知。本文以笔者在初中地理课堂中的教学实践为案例，探究云课堂的应用对初中地理教学所产生的影响。研究结果表明：云课堂的应用可以为学生创造良好的地理学习情境，增强教学的趣味性；可以增强地理教学的直观性；可以综合利用各种教学资源，充分提高课堂效率；可以增强地理课堂师生之间的互动等。

【关键词】云课堂；初中地理；教学有效性

一、研究背景

当今社会，信息技术和网络技术的迅猛发展，给我们日常生活的各个方面都带来了深刻影响，与此同时也促使教育领域发生深刻的变化，云教育应运而生。

而云教育在教育领域中的应用则形成了云课堂。云课堂是以丰富的数据资源作为基础，将学习网络、学习资源、学习平台、学习终端和学习服务等进行有效整合，在日常教学过程中运用信息技术而形成的一种高效课堂，具有开放、互动、高效和个性化的特点[1]。

许多学者的研究均表明：云课堂在地理教学中的应用对于提高课堂教学效率、学生学习积极性以及促进教师成长等方面具有显著促进作用。罗化瑜和叶练分别从国家、学科、学生和教师四个层面对云课堂在中学地理教学中的应用进行研究，结果表明：云课

* 作者系苏州大学实验学校教师

堂能够有效促进教育发展均衡化，逐渐培养学生的地理学科意识，激发学生学习动机，提高教师教学效率等[2]。肖倩和李红以睿易云教育为例开展研究，指出：云教育在地理教学过程中，可以使教材展示更加立体直观、学生合作探究更加方便快捷、学习主动性更高[3]。宋健等人的研究表明：云教育在地理教学中的应用有利于打造多元互动的学习环境，有利于实现地理教学资源的共享和整合，有利于促使学生转变学习方式和行为，有利于推动地理教师转变角色和观念等[4]。

地球表面各地理要素和圈层之间相互制约、相互影响，进而形成地球表面的整体系统。地理学科具有区域性和综合性的特征，这种特征使其学科知识相互之间联系密切[5]。地理学科及其知识所具有的特征，就决定了地理教师在教学过程中，要充分利用各种手段和资源创设具体的问题情境，注重问题引导和培养学生的思考力。进一步培养和落实学生区域认知、综合思维、人地协调观念和地理实践力等核心素养。下面，我将以自己在初中地理课堂中的教学实践为案例，来谈一谈云课堂在初中地理教学中的应用。

二、云课堂在初中地理教学中的应用案例分析

（一）云课堂可以为学生创造良好的地理学习情境，增强教学的趣味性

[案例 1] 七年级上册第一章第四节《地形图的判读》新课导入教学。

为了能够逐步引导出等高线地形图这一概念，在新课导入部分，我联系现实生活，创设情境：假如暑假期间，我们班级要去爬穹窿山，让你来设计登山路线，你应该如何设计？为了启发学生思考这一问题，利用 Google Earth 这个软件，我让学生在三维地图中找到穹窿山，先对它有一个感性的认识。

然后再接着追问，设计登山路线你需要了解什么？学生结合自己的生活经验回答出：要了解山体的地势起伏状况。那要了解山体的地势起伏状况，最常用的是哪种地图呢？进而引导出等高线地形图这一概念。

（二）云课堂可以增强地理教学的直观性

[案例 2] 七年级下册第八章第四节《澳大利亚》地理位置教学。

为了能够让学生更加直观和深刻地认识澳大利亚的地理位置（包括半球位置、经纬度位置和海陆位置），我先让学生上讲台在希沃白板中的三维地图中找到澳大利亚，并说出澳大利亚与中国的相对位置，然后让学生根据二维平面地图说出澳大利亚的海陆位置。这样将三维地图和二维地图结合起来，一方面有利于提高地理教学的直观性；另一

方面，还可以充分发挥学生的主体作用，培养学生区域认知能力。

（三）云课堂可以综合利用各种教学资源，充分提高课堂效率

[案例3] 七年级下册第八章第四节《澳大利亚》第一课时的教学。

第一课时内容主要包括“世界活化石博物馆”和“骑在羊背上的国家”两部分。为了给学生创造良好的问题情境，提高学生思考问题的积极性，我利用云教育将文字、图片、动画以及视频等学习资料进行整合，多种资源的综合利用有利于充分调动学生的各种感官，吸引学生的注意力，让学生获得更多沉浸式体验，从而有效地提高课堂效率。

例如，在新课导入部分，为了让学生对澳大利亚这个国家有最初的认识，我先给学生播放澳大利亚的旅游宣传片，通过视频激发学生的学习兴趣。然后让学生根据视频内容用一个词或者一句话描述自己对澳大利亚的最初印象，此时学生根据视频内容都能说出关于澳大利亚这个国家的关键词。然后，我根据学生所说的关键词进一步引导出澳大利亚的三大美誉，悬念设疑，导入新课。之后，创设虚拟情境，带领学生分别去了解澳大利亚野生动物园和天堂农庄，在这两个地方进行三个问题的探究，情境教学的方式使整节课更具趣味性。另外，通过设置不同难度、梯度的问题可以使不同层次的学生均有所收获。

（四）云课堂可以增强地理课堂师生之间的互动

[案例4] 七年级下册第八章第四节《澳大利亚》养羊业发达的原因教学。

我让学生根据导学案活动第二部分提供的材料，先进行角色扮演：假如你是澳大利亚的牧场主，从地形、气候和河流三大自然因素出发，你将如何布局牧场？请学生以小组为单位进行讨论，然后在空白地图上绘制牧场带，并让每个小组的代表上讲台展示该小组的绘图成果并阐述原因。

学生绘图结束之后，我会用希沃授课助手将学生绘制的牧场带上传到大屏幕上，然后让学生根据自己小组绘制的牧场带，分析原因。之后，我再进行点评和分析。小组合作探究、成果汇报以及希沃授课助手的应用有利于增强地理课堂上师生之间的互动，进而提高课堂教学效率。

三、总结与反思

总而言之，科学技术的进步促进了教学方式的变革，云课堂的应用对初中地理课堂产生深刻影响，云课堂可以为学生创造良好的地理学习情境，增强教学的趣味性；可以增强地理教学的直观性；可以综合利用各种教学资源，充分提高课堂效率；可以增强地

理课堂上师生之间的互动等。在今后的教学过程中，我一定会继续探索和运用云课堂，加强自己的教学反思，不断提高自身的教学水平，在教学实践中积累更多的教学经验。

参考文献：

[1] 宁琼，史冬娜．浅谈“云课堂”在教学中的作用 [J]. 黑河教育，2018(08):54-55.

[2] 罗化瑜，叶练．“云”课堂在中学地理教学中的应用研究 [J]. 创新人才教育，2016(3):80-84.

[3] 肖倩，李红．“云教育”平台在初中地理教学中的优劣势评价研究——以睿易云教育为例 [J]. 科教导刊（中旬刊），2019(02):120-121.

[4] 宋健，徐婷婷，石家锐．“云教育”环境下的高效地理课堂构建分析 [J]. 地理教学，2014(19):20-22+19.

[5] 单超．高中人文地理深度教学的探索与实践 [J]. 地理教学，2019(12):9-11.

二维码技术在初中物理自主实验教学中的应用研究

□ 杨海兰*

【摘要】在信息技术高度发展的今天，网络技术的介入推动了学校教育更快的发展，使学生获取知识的途径越来越多样化。提高学生自主学习效率，增强学生自主学习能力变得尤为重要。当前，技术与教育的融合研究正在有序推进，而二维码技术与教育的融合将是支持未来教育发展的重要方式之一。本文根据笔者在初中物理实验自主教学中运用二维码技术的实践经验，谈一谈二维码实验视频教学在初中物理实验教学中的优势和在实际应用过程中遇到的问题及未来努力的方向。

【关键词】二维码实验视频；初中物理实验教学；自主学习

多媒体教学中的PPT、播放影音资源和网络云教育逐步成为当前使用最多的教学模式。通过近几年的推广，大量的前沿技术被用在多媒体以及网络云教育过程中。由于二维码技术的推广和普及度的提高，学生对二维码有了更多的认知，也使二维码技术变成了获取信息的便捷手段之一，同时也是网络云教育与课堂教学同时进行的重要教学方式之一。

一、二维码技术应用于初中物理实验教学中的必要性

（一）二维码实验视频学习确实符合学生的学习习惯

近几年来使用智能手机的中学生越来越多，他们的很多知识都来源于网络，这也从侧面表明移动学习切实符合学生的学习习惯，移动学习已成为一种学习趋势。当然，如

* 作者系苏州市相城实验中学物理教师

何引导学生利用网络学习课程知识，在信息高度发达的今天，已经成为教学工作的突破点。笔者曾有幸去常州田家炳中学开展研学活动，发现这所学校的学生每人一部手机，上课的时候可以随时用手机查阅资料，快捷高效。其实，对于真正爱学习的学生来说，手机只是他们获取知识的一种工具，而对于那些自控力不足的学生，我们可以想办法统一管理手机，释放部分网站的权限。

（二）二维码实验视频教程适用于初中物理实验课程教学

首先，课程的设计是以简单的物理实验为基础，针对实验进行相应的理论教学，同时注重实验的设计，在教学过程中需要对实验仪器进行操作，对实验现象进行分析。其次，由于初中物理涉及的实验都是与生活密切相关的基础性实验，危险系数较低，学生可以购买配套的学生器材随时随地进行实验。初中学生刚刚接触物理实验，对一些实验细节、要求把握不到位，学生在自主实验学习时会遇到一系列的问题，二维码视频教程是解决这些问题最直接的学习工具。通过把烦琐的物理实验过程录制成视频资料，根据教材实验流程，把相应部分的视频资料编成二维码，并把二维码通过各种途径提供给学生，学生根据教材内容扫描对应二维码观看相应部分的视频，将对二维码视频的学习贯穿到整个自主实验过程中。有了二维码实验视频教程，学生可以在任何时间和地点进行自主实验学习，而且可以反复学习，突破了学习过程中时间与空间的限制，提高了学生自主学习的效率，同时增强了学生自主学习的能力。

二、二维码实验视频教学在初中物理实验教学中的优势

（一）二维码实验视频教程有助于提升学生的课前预习效果

初中物理实验的预习过程是必不可少的教学环节，在预习过程中，学生由于没有接触到相应的实验器材，只能凭空想象其中的操作环节，导致预习效果差，而通过采用二维码实验视频直接观看教师相应的讲解过程的预习方式，使学生的学习过程轻松，理解起来透彻。在这里，学生可以自由控制学习时间，学生根据自身情况酌情进行学习，也可以自己把握学习进度和内容，能轻易掌握的内容可以一带而过，觉得比较困难的地方可以反复观看，通过自主、自由、自定步调的课前预习，学生对新课内容已经有了初步的了解，教学难度得到有效缓解，势必就会在课堂学习中表现出积极的参与态度。与传统的教学方式相比，二维码实验视频教程的预习作用，有效地保护了学生的自尊心，大大提高了学生的学习效率。在学生上物理实验课时，教师只需适当引导操作流程和讲解重难点问题及注意事项，把实验课交给学生，真正实现了学生的自主实验学习。

（二）二维码实验视频教程有助于提高物理课堂教学效率

在实验教学过程中，学生能够使用平板电脑摄像头辨识课本内容中附带的实验二维码，或者课堂多媒体 PPT 中的二维码图案，然后迅速找到相关知识点的课程同步视频资源，通过平板电脑即时播放二维码视频，学生可以依据自己学习状况多次浏览视频课程，对某一细节处也可以反复观看，使学生在实验过程中出现的问题得到解决，提高物理课堂教学效率。例如我在教“杠杆”这节内容的最后环节让学生利用平板电脑扫描二维码观看杠杆制作小视频，自主学习、设计创新实验，进行 DIY 制作并展示。对于杠杆小制作，学生一开始不知道如何下手，但通过观看二维码视频小实验，学生的潜能瞬间被激发，通过模仿、改进等方式进行创新实验制作，学生创新能力得以提升，学习物理的兴趣更加浓厚。

（三）二维码实验视频教程有助于提升课后复习效率

初中物理每节课的时间是 45 分钟，由于时间的限制，很多稍微复杂一点、耗时长一些的实验只能由上课老师演示完成，学生无法自主参与到实验中去，而且有些实验的演示也不是很清楚，导致有的学生上课时对一些知识点掌握不够。二维码实验视频教程以微课的形式将传统课堂 45 分钟的相关实验内容进行颗粒化拆分，形成单独的知识点或者小的专题视频，方便学生利用碎片化时间对各个知识点定向复习，起到了一对一的辅导作用，提升了复习效率。在我们班每组同学都有配套的物理实验器材，对于那些短时间无法完成的实验，学生可以利用周末时间扫描实验视频二维码，自主学习设计，继续完成实验。

三、二维码实验视频教学在实际应用过程中遇到的几个问题

其一，二维码实验视频教学需要有较高且稳定的网速，而事实是经常遇到教室网速跟不上的问题，造成网络访问比较慢，直接影响课堂教学进度。

其二，我自建的实验自学网站依托的是学校平台，但在寒暑假期间学校是断网的，因此学生在寒暑假期间不能进行自主学习。而事实上寒暑假是最利于学生自主学习的时间，学生的学习精力、时间都能得到保证。

其三，云教育学习环境下，由于自由度过高，需要学生自身有着良好的学习意愿和学习自控能力，缺少自我管控的学生有可能会走偏方向，导致学业的荒废。

其四，现在遇到的教师层面的问题是缺少实验视频制作的团队。由于网站的建设、维护需要时间、精力的投入，教师制作的视频资源必须要经过筛选、整合和编辑才能上传，

所以教师必须要具备较高的信息技术能力，而这是大多数教师所缺乏的，并且由于教学任务重，一线教师能投入到网站建设上的时间很难得到保证。

四、二维码实验视频教学未来努力的方向

其一，完善网站建设，添加可实时交流讨论的平台，在课余时间教师可在线辅导学生进行自学、讨论和答疑，关注每一位学生，实现因材施教。

其二，网站扩充容量，添加45分钟课例视频资源，让学生在课余时间可以自主学习每一节教学内容。

其三，网站的视频资源要团队教师原创，团队教师着力于打造每一节精品课并拍成视频上传，每一个实验都拍成高清原创的微课视频。

其四，网站视频资源不仅要服务于本校学生，还要供给于全区甚至全市初中生自主学习。

其五，将实验二维码编辑入四册配套的电子教材中，让学生打开电子教材，直接扫描二维码就能自主学习。

在信息技术高速发展的今天，云教学一定会逐渐普及，我们必须积极适应新形势下的教学环境才不会被时代抛弃，机遇与挑战共存，只要我们加强学习，提升信息技术和专业能力，云教育技术一定会在物理教学中大放异彩。

二维码技术在初中物理教学中的应用

云阅读，让阅读更显张力

□ 赵春松*

【摘要】云阅读是一种利用移动阅读终端选择自己感兴趣或自己需要的内容，获取文字、图片、音频和视频等信息的阅读方式。云阅读不受时间、地点和环境的限制，可以让阅读者随时查阅被选中的内容，使其享受到无限的乐趣与便利。云阅读不仅是对阅读教学的有效补充，还可以使阅读过程和评价可视化，真正实现阅读的最优化。

【关键词】云阅读；有效积累；可视评价

随着移动互联网技术的快速发展，学生的阅读方式和阅读需求也随之产生相应的变化，云阅读则顺应这样的形势发展而越来越受到广大师生的青睐。所谓云阅读就是在云端进行阅读，读者不需要去图书馆就能阅读，可以不受时间、地点和环境的限制，利用移动阅读终端选择自己感兴趣或自己需要的内容，获取文字、图片、音频和视频等信息。云阅读最大的好处就是可以随时查阅被选中的内容，让阅读者享受到无限的乐趣与便利，真正将全媒体阅读时代“读”的概念发挥到极致。我们在平时的教学中，如果适度地运用云阅读的方式，不仅可以提高阅读教学的质量，更能凸显阅读的张力。

一、激发阅读兴趣，点燃热情

传统的阅读只能采用线下的形式进行，学生究竟有没有读，读得怎样，在读的过程中产生了哪些问题需要及时解决或有什么问题需要展开讨论，教师都无法及时了解和调控。即使到了课堂上进行阅读交流，自己的学生也早已失去了兴趣，丧失了热情。久而

---

* 作者系苏州工业园区星洋学校培训处副主任

久之，就会让一部分学生产生不愿意阅读的思想，即使是教师布置的任务，学生也只是采取一种消极应对的策略，他们认为教师也无法知道自己有没有真正阅读。而采用云阅读，进行线上的阅读，这些问题都可以立即得到解决。

如果利用“学习通”（一款学习平台）中的“超星阅读”，教师开设一个主题阅读，然后成立一个虚拟的阅读小组，将阅读邀请码发送给每一位学生，学生根据邀请码即可进行阅读。在这样的阅读平台下，教师可以通过后台知道哪些学生没有阅读，哪些学生在什么时间开始阅读，什么时间结束阅读。最关键的是在线上师生、生生之间可以展开即时讨论、交流，实现阅读的即时分享，让阅读不再孤单。当然，学生也可以在评论区写下自己的阅读的感受，教师对回复质量高的学生可以进行点赞，同学之间亦可以点赞或送鲜花。每个学生都想得到教师的点赞，于是他们都会进行认真的阅读，积极展开讨论和回复。对比，教师要毫不吝啬地表扬。待点赞达到一定的数量，教师可以对学生进行奖励，授予“阅读之星”的称号。这样学生阅读的兴趣就有了，阅读的积极性、主动性提高了，阅读的质量也得到了有效的保证。

二、助力阅读教学，有效补充

云阅读也是语文学习的一个重要组成部分，在课堂教学中适时、适度地引导学生进行云阅读，不仅能弥补课堂教学中不能进行多角度、多层次、多方位阅读的不足，而且还能通过即时、多样、碎片化的阅读拓宽阅读的空间，提高阅读的效率和课堂教学的质量。

例如教学《司马迁发愤写史记》这篇课文时，当学习到司马迁为李陵将军辩护而遭受了残酷的宫刑时，学生头脑中会产生这样的问题：司马迁为李陵将军辩护什么？李陵将军又因为什么事情而需要司马迁辩护？如果这些问题不能在课堂上得到及时解决，而让学生存疑心中待课后再去查询相关的资料，学生一则失去了兴趣，二则对课文内容的理解比较模糊，对司马迁人物形象的深入理解也会大打折扣。如果此时组织学生利用平板在教师指定的网站或网页中阅读司马迁为李陵将军辩护的相关资料，就会加深学生对课文内容的理解，丰富司马迁的人物形象。当然，学生也可以在课前开展相应的云阅读，这种阅读不仅是文字的阅读，也可以是视频的阅读，形式可以多样，那么学生的感受也是多元的。教师带领学生紧密联系学习内容开展云阅读，降低了阅读的门槛，提高了获取知识的效率，实现了阅读教学的有效补充。

三、拓宽阅读渠道，丰富积累

云阅读颠覆了学校组织学生开展课外阅读的传统方式，融入了更多的现代时尚元素，让课外阅读更具有全新的阅读气质。以往组织学生开展课外阅读的地点无非就是学校的阅览室、书店和家庭等固定的场所，在这样的场所阅读经常受到时间、空间的束缚，缺乏一定的自由度和灵活度，学生阅读的个性化难以得到保证。当然，也有部分学生受家庭经济条件和家庭阅读环境的影响难以进行深层次的阅读，而云阅读则更多体现了阅读者的自主性、积极性和能动性，能拓宽阅读渠道，有效实现个性化的阅读。

如在教学《卢沟桥的烽火》这篇课文时，为了更深入了解抗日战争中抗日军民的英勇及日本侵略者的残暴，我们可以在课前、课中、课后分别布置相应的任务要求学生按照要求进行阅读。比如课前搜集有关抗日战争的碎片化资料进行阅读，形成对抗日战争的初认识；课中教师当堂利用搜索引擎检索“卢沟桥事变”的阅读材料，加深学生对课文内容的印象，使其形成爱憎分明的情感；课后组织学生开展云端的视频动态影片的阅读，将抽象的语言文字转化为直观的形象画面，引发学生的情感共鸣。拓宽学生的阅读渠道，教师需要做一个有心人，借助云平台，有计划有目的地搜集与教学内容有关的主题性阅读材料，在每学期、每学年开展相应的名著阅读，形成具有特色的“云中书店”，便于学生随时随地调阅，开展有效的智能阅读，让学生形成丰富的阅读积累。

四、可视阅读评价，巧添动力

阅读可以开阔学生的视野，丰富学生的人文情感，对于提高学生语文学习的能力也是大有裨益的。我们平时在开展阅读活动时，教师利用阅读交流课组织学生谈谈阅读的感受和看法，适时对学生交流的情况做出评判，但这种方式评价涉及的范围不广，教师只能知道课上积极回答问题的学生的阅读状况，而未回答问题的学生的阅读情况则无法被探知或知之甚少。也有教师用试卷来检测学生阅读的效果如何，以分数来定性，这种方法难以探知学生真正的阅读感受。这些评价方法虽然能检测部分学生的阅读结果，但却无法明晰学生的阅读过程。久而久之，正如学生家长所说，书籍读了一堆高，阅读水平未见长。如果我们在平时的阅读过程中利用“超星阅读”的方式，组织学生在教师组建的云端虚拟小组阅读，学生在阅读过程中就可以随时将阅读的感受写在所读内容旁边，学生批注的这些内容教师都可以看见，就可以及时对学生的阅读情况做出评价，学生也可以看到老师的评价，同时阅读小组的同学也可以看到老师对其他同学的评价。当然，学生也可以线上与教师、同学展开讨论和交流。这种将阅读过程可视化的评价大大激发了学生阅读的兴趣，也增添他们阅读的动力。

为了使学生阅读过程可视，教师也可以利用“晓黑板”检测功能，要求学生将阅读时的视频上传云端，教师观看视频，为表扬学生阅读行为可以点亮灯泡，也可以进行留言，这些评价对每位学生和家长都是可视的，这样不断地督促和激励学生深入阅读，阅读的质量就会日渐提高。同时，教师可以通过阅读大数据评价，发现学生阅读的兴趣点在哪儿，学生在阅读方面不同维度对应的能力又是怎样的，并通过这一评价结果对阅读活动进行适度的调整，以期达到最理想的阅读效果。

云阅读已成为一种不可阻挡的潮流，在改变学生阅读方式的同时，也出现了诸如学生长时间阅读给视力带来影响和个别学生借阅读之机玩网络游戏等问题。因此，在进行云端阅读时就必须考虑到阅读时长和阅读习惯等问题，将文字背景设置为护眼模式或为解决办法之一。只有真正发挥云阅读的优势，不断彰显云阅读的张力，才能让云阅读成为时尚而健康的高端阅读方式，从而对学生的语文学习产生积极影响。

教育云平台的“互动课堂”功能在课堂教学中的有效运用

——以译林版小学英语六年级上册《Unit5 Signs》一课为例

□ 杨　杨*

【摘要】智慧教育云平台拥有众多功能，其中“互动课堂”这一功能可以帮助广大教师更好地开展教学工作，如分享教学资源、提高教学效率、及时反馈学习效果等等。本文将以译林版小学英语六年级上册《Unit5 Signs》一课为例，围绕上述三个方面来阐述其运用方法和效果，以及“互动课堂”在实际运用中遇到的问题和解决对策。

【关键字】教育云平台；互动课堂

随着智慧教育云平台在我市的不断推广，作为青年教师队伍中的一员，我也在不断了解、学习和运用这一平台。目前教育云平台包含了资源共享、各类应用推广、名师工作室、学校及教师个人空间这四大板块。每一个板块又包含了众多功能。其中，在各类应用推广中的“互动课堂”这一功能，可以有效地帮助我们教师开展课堂教学工作。

一、课前准备，分享教学资源

在“互动课堂”的教材资源中，有众多老师上传的教学资源，如课件、教案、学习单、作业等，老师们都可以进行浏览与下载。例如我要上译林版小学英语六年级上册《Unit5 Signs》第三课时，我只需在登录时选择好所上课件的课文目录，平台已将资源按照学科、

* 作者系太仓市沙溪镇第二小学教师、太仓市学科能手

册别、课文目录进行归类，会自动筛选出与此课文相关的所有资源。或者，我们可以根据自己需要，利用平台上的资源和应用来制作一个属于自己的课件。以往做一个课件可能要耗时1个多小时，而有了这些资源，老师制作课件的时间大大减少，省时又省力。最后，我们将制作好的课件保存在工作空间，在上课的时候只需通过手机就可以播放课件。老师个人也可将自己优秀的资源上传到平台与其他老师分享。这样整个教育云平台上的资源将会不断地得到更新。

二、课中运用，提高教育效率

以译林版小学英语六年级上册《Unit5 Signs》一课为例，介绍互动课堂的几大具有实质性效果的教学功能。

（一）计时器

本节课是学习“signs”的一课，学习目标之一是能创作一篇以“My sign”为题的小作文，在Writing time环节，老师将给学生5分钟时间进行写作。在写作时间经过4分钟时，此功能会有一个提醒。这一功能可以让学生明确时间概念，在规定时间内完成老师布置的任务，特别是对于书写较慢的学生或者喜欢拖拉的学生，可以起到一个督促的作用。

（二）随机点人

学生创作完作文后，老师可以利用“随机点人”功能来挑选几位同学的作文进行展示。这种随机点人的功能，全方位照顾到了所有学生，也增加了课堂趣味性，提高了学生的写作积极性。

（三）课堂随拍

学生的小作文如何展示？这就可以使用“课堂随拍”的功能。老师用手机拍摄学生的小作文，1秒钟就可以上传到电子白板上。接下来老师可以调整页面大小，一句句进行讲解，并用红色标注出错误之处，让学生清晰地了解到容易犯错的地方。相比之前用实物投影展示，操作更方便快捷，清晰度也比之前的投影更高。

三、课后反馈，了解学习效果

课堂教学评价是教学的重要组成部分，是促进学生主动学习的有效手段。教师多样、灵活、生动、丰富的评价方法，能使学生如沐春风，让课堂氛围更加生机勃勃。在互动课堂中，老师可以对学生个人或者小组评分，比如对本节课举手回答或者小组合作较为突出的学生进行表扬；下课时，点击光荣榜，根据光荣榜的情况，老师可以迅速了解本节课学生的学习效果。针对得分较少的孩子，老师可以在之后的教学中进行重点观察。此外，班级也形成了良性的竞争氛围，你追我赶，相互学习。

四、常见的操作问题及解决对策

问题1：手机和电脑如何连接？

回答："互动课堂"功能，电脑端名为"教学助手"，手机端名为"家校帮"。想要运用这一功能，必须同时在电脑端和手机端都下载安装软件，而且，电脑端与手机端需在同一网络下，登录后，点击"移动讲台"，页面会跳出扫一扫链接，将手机与电脑端连接好就可以进行教学了。

问题2：可以使用PPT课件吗？

回答：可以。互动课堂氛围有两个模式：PPT模式与白板模式。教师可以用PPT模式来播放上课的课件，白板模式主要有课堂随拍、课堂直播、标注、小组评分、随机挑人、计时器等功能，统称为白板资源。

问题3：互动平台的使用是否会影响老师的上课效率？

回答：这是很多老师担心的问题，在前期刚接触互动平台时，可能会有老师因为操作不熟悉而手忙脚乱。俗话说"熟能生巧"，任何新的事物，在经过一段时间的摸索后，一定会越来越上手。操作熟练的老师用"互动课堂"，反而会提高自己的课堂教育效率。例如平常需要一篇篇读作文、讲作文，而换成课堂随拍上传，老师便能进行快速评讲了。

除了上述的几大功能，"互动课堂"还有很多功能需要我们去研究应用。如班级圈一般由班主任负责，是一个创建班级文化的平台；作业与通知是任课老师用来布置回家作业和发送信息的；课堂记录可以及时反馈学生在校表现……作为青年教师，更需要不断学习新技术、掌握新本领。

在科技高度发展的今天，教育信息化改革势在必行。而教育云平台的推广使用，给我们广大教师提供了很好的教学媒介，不仅可以服务于我们老师，还可以服务于学生和家长。习主席在国际教育信息化大会上的致辞强调："我们将通过教育信息化，逐步缩小区域、城乡数字差距，大力促进教育公平，让亿万孩子同在蓝天下共享优质教育、通过知识改变命运。"这也是我们广大教育工作者的心声，我们有理由相信教育的未来会更加辉煌。

浅谈小学课堂中大数据的初步应用

□ 丁　夏*

【摘要】随着信息技术的不断发展和各类软件的深入应用，大数据时代已经来临。大数据究竟是从无到有的新鲜事物还是我们已经熟悉的老友？这个问题“仁者见仁，智者见智”。

但是大数据必然会对教育产生不可估量的影响。如何从学生的个性需求出发，结合各学科自身的特点，发挥好大数据在小学课堂中的隐性与显性作用是一个极大的挑战。

【关键词】大数据；软硬件；隐性与显性作用

“给我一个支点，我能撬动整个地球。”这是大数学家阿基米德于两千多年前说出的豪言壮语。而如今，“给我提供一些数据，我就能做一些改变。如果给我提供所有数据，我就能拯救世界。”微软总裁史密斯这样说。随着信息技术的不断发展，大数据时代已经悄然而至。

作为互联网的常住民，我们与大数据息息相关。我们通过互联网了解世界，而“互联网”也在通过大数据了解我们。例如淘宝会根据我们的浏览痕迹和购买历史记录，在首页为我们推荐相关商品，甚至连其他软件也会向我们推送相关商品信息。现代生活中的种种迹象让我们“细思极恐”，但这是时代发展必然的产物，我们无法阻挡，只能适应或者改变自身。

* 作者系苏州市金阊实验小学校教师

一、大数据的隐性作用

其实在大数据概念提出之前，大数据已经悄悄地影响着我们的教学。教师教学过程中产生的“大数据”可以狭义地理解为经验，包括教学经验、管理班级的经验、丰富的生活经验。“一名有经验的老教师”，似乎是对教师最大的赞美。这里突出的是有经验，“老”字不是指岁数老，而是经验丰富。就像大数据一样，“大”字不单指数据量大，还指大量数据后面隐藏着的价值大。而学生学习过程中产生的“大数据”也可以理解为表现，包括课堂表现、作业表现、行为表现、情绪表现，涵盖德智体美多方面。

一名优秀的教师每时每刻都积累着经验，持续关注着学生表现生成的“数据”并加以利用，大数据的隐性作用时刻都在发生，根据学生的课堂表现、作业和检测情况提出不同的要求，给家长不同的反馈，以便提供有针对性的教育。根据学生的行为和情绪表现，给予关于不同人生道理的教育，奖罚并举。日复一日，不同的学生拥有了针对自己、适应自己的学习方法与习惯；年复一年，教师积累了大量的教学经验，形成了自己的教学风格。

二、大数据的显性作用

作为互联网原住民，如今的学生可以通过多种途径进行学习、认识世界，知识水平远比过去同年龄段的人高得多。“闻道有先后，术业有专攻”，学生在某些方面有时可能比教师了解得更多，所以大数据时代的来临对我们教师的教学水平提出了更高的要求，教师面临着更大的挑战。

“教书育人的试错成本非常高，所以很多教学技术在教育领域的推广比较缓慢。”大数据应用要先小范围试验，及时检验评价，这样会减少试错成本，能更快地推广大数据在教育教学方面的应用。为了发挥大数据的显性作用，我们学校率先引入了云痕大数据教学诊断平台，下面就简单谈谈我们学校对于这个平台的具体应用情况。

（一）试卷分析

试卷经过教师的批改后进行扫描，上传到云痕大数据平台，我们可以看到试卷的质量报告，包括难度、信度、区分度等方面。然后可以看到考试报告，包括班级基础成绩分析和每题得分率的统计图、进步与退步情况统计表、优良中差各个分层的人数、知识能力分析、知识点的分布与统计等，还可以看到个人每一次考试的纵向比较，班级之间的横向比较。过去要统计出以上这些数据需要花费教师大量的时间和精力，而导致我们不得不忽视一些数据，只求用简单的平均分来观察班级的整体情况。现在扫描试卷上传后，即时就可以查看到以上数据，大大节省了教师的时间。平台已经快速地帮我们对原始数据做了初步的分析和统计，如何高效地处理这些数据是我们教师最先面对的挑战。对于不同学生表现出来的差异性、层次性、多样性，我们采用的是有针对性的方案。试卷评讲因为得分率的统计更加详略得当，以集中错误与难点突破为主，个别提醒与知识衔接为辅，明确题目之间、知识点之间的紧密联系。根据得分统计，多聆听做错学生的想法，帮助他们走出思维误区。

（二）订制作业

大数据时代中的教学要求我们既要关注班级整体化发展，又要注重学生个体化培养。对此，我们尝试了学生作业的“私人订制”。笔者曾经在未来教室中上过一节数学简便计算课，学生在平板电脑上完成的每一道题目都通过软件推送到讲台电脑主机，经过软件的分析，学生的计算完成情况统计图和相应的学号清晰地出现在讲台屏幕。教师根据每位学生不同的完成情况布置不同的个性化作业。相较于之前统一收上来批改作业的费时，再统一练同样题目的低效，在运用了现代化软硬件之后，我们就可以高效地布置、批改个性化作业。即使没有如上软硬件，我们也可以借助手机上的一些学习软件帮助我们提高教学效率。近阶段比较流行的 App 有“爱作业”“一起作业”等，这些软件可以帮助老师批改计算题，提高批改速度的同时也会为学生的错题生成针对性的练习，形成一套专属的错题集，学生自己进行复习也相当便捷。

大数据时代的来临将冲击传统的班级授课制度，颠覆常规的讲授式教学。借助现代信息技术的支持，在大数据的支撑下，如果能摸清学生学习的轨迹，对学习痕迹进行分析，教师就可以针对学生的个性化需求进行指导。这种方法运用得当能正确地反映教育的本质和时代的特征，为我们指明教育前进的方向。借北京市第十八中学校长管杰的一句话：“未来，每个学生将拥有一个自己的数据包，我们正在努力，我相信距离这一天已经不远了。”

媒体札记

大数据人工智能成为苏州教育信息化新焦点：实施精准教学更需教师强专业

□ 卜雪梅*

随着人工智能、大数据等信息技术与教育融合程度的日渐加深，如何借助大数据分析来实施精准教学，实现学生的个性化学习，已成为苏州教育信息化工作的新焦点。在苏州市电化教育馆的组织下，苏州中学园区校举行了2018年苏州市大数据精准教学观摩研讨会。

据苏州教育信息中心副主任张兰娟介绍，为落实国家、省中长期教育改革和发展规划纲要和教育部《教育信息化十年发展规划（2011—2020年）》，进一步推进教育信息化，促进中小学教育模式和学习方式的转变，江苏省教育厅于2012年3月启动了基础教育百校数字化学习试点工作项目，我市共有11所中小学幼儿园成为省试点学校。六年间，我市每年都会举行数字化学习研讨活动，此次观摩研讨活动作为每年两次的数字化学习研讨常规工作之一，首次聚焦大数据精准教学这一主题。

苏州教育信息中心副主任张兰娟：教育信息化是处于不断变化发展中的，一开始是注重运用一些新技术，比如投影仪、白板、双屏未来教室等，随着新技术的不断更新，教育对于数据的需求显得更加迫切，基于大数据分析基础上的精准教学对实现学生个性化学习非常有帮助。

在此次观摩活动上，苏州中学园区校分别教授高三数学、初三物理的两位老师为参会的300多名教师及电教教研负责人开设了基于人工智能、大数据分析平台的两堂课，

* 作者系苏州市电化教育馆媒体中心记者

直观展示了教师如何借助大数据分析来实现精准化的教学现场。

苏州中学园区校初三物理老师邓丽：我是半年前接触到这个大数据（分析平台）的，用了半年，我现在已经有点离不开这个平台了。这个平台的数据分析有整班的，也有班级与班级之间的，还有针对学生个人的。它所实现的“精准”是通过大数据分析，找出整个班级的试卷错误率，从而呈现班级整体在某个知识点上的薄弱之处，另外针对学生个人，它也可以出具一份数据分析书，并根据学生反映在试卷上的错误情况，出具个性化的练习试题。

邓丽老师说，大数据分析技术大大减少了老师进行试卷检测分析统计的时间，为实施精准化教学以及学生的个性化学习提供了必要的技术条件，但是要真正实现精准化教学和个性化学习，必须增强教师读懂数据报告、了解学生学情的能力。在人工智能整理出学生错了什么后，教师能够分析出学生为什么错，发现学生学习过程中的思维路径和模式，帮助学生建立更科学的学习方法，这才是真正实现精准化教学和个性化学习的关键。

苏州中学园区校初三物理老师邓丽：平台可以为每个学生自动生成有针对性的“错题卷”，但是它不会告诉学生是因为哪方面的缺失导致这样的错误，而这恰恰是老师的教学可以做到的。

姑苏教育学业监测迈入智能时代：教得好不好，哪里没学懂，数据来“把脉”

□ 卜雪梅*

2019年6月，姑苏区启动了“基于数据诊断的区域性学业质量监测”项目，给广大家长送了“大福利”，以后学业质量令家长“抓狂”、学生苦恼的情况将会有所改善。

日前，记者从姑苏区举行的“基于数据诊断的区域性学业质量监测”项目推进会上获悉，6月下旬姑苏区文化教育委员会与教育大数据应用技术国家工程实验室签订了战略合作协议，“基于数据诊断的区域性学业质量监测”正式启动，经过暑假整整两个月的努力，姑苏区首批15所项目学校的600多名老师全力投入，目前已经完成了语文、数学、英语、科学四门学科的知识图谱绘制工作。关于这个图谱的重要性，姑苏区教师发展中心教学研究部副主任李琴用一棵树的根系来比喻，她认为有了这份图谱，借助信息技术大数据分析系统，才真正有望让教师的教与学生的学实现智能“诊断”。

姑苏区教师发展中心教学研究部副主任李琴：这个大数据，首先它是个平台，所有学生学业的状态都要被采集到平台数据库里，进行大数据分析。平台要录入学生的每一次作业、每一次测试、联考等所有数据，为每一名学生提供数据分析报告，我们的老师也可以根据这些报告实施个性化的教学。

李琴介绍，学生完成各科题目的情况可以与知识图谱进行比对，可以让学生、家长、老师都能清晰地看到学生学业状况，哪些能力已经掌握了，哪些能力没有掌握，同时也可以帮助老师看到学生的能力有没有真正通过教学得到提升，既避免了学生错题纠正“头

---

* 作者系苏州市电化教育馆媒体中心记者

痛医头，脚痛医脚”的窘境，也让各学段教师教学“各自为政”的割裂状态得以改变。

姑苏区教师发展中心教学研究部副主任李琴：以前对学生的评价相对来说是孤立的，现在通过这个平台就可以把学生几年来的学习情况呈现出来，教学会更科学精准。有了大数据，知识能力图谱建构好后，学生考完试、做完题，老师会多一个工作，就是将这些试卷、作业扫描进入这个平台进行数据分析。后期我们的理想是，数据分析报告可以及时地推送给家长，甚至在报告中提供孩子错题集中在哪些方面，需要在哪些地方加强巩固的信息，这样家长对孩子的学习情况就很清楚了。

未来随着这一平台在姑苏区学校的推广运用，数据分析能力将成为该区教师的又一项“基本功”。

苏州市觅渡中学校：期末家长也要领成绩单

□ 卜雪梅*

记者：期末，作为学生要领成绩单这是大家的共识，但在苏州市觅渡中学校，每位家长在期末也要领取一份“家长成绩单”。1 月 18 日这天，记者在觅渡中学校的校园里就遇到了前来领取自己成绩单的家长。

初二博爱班朱昱晓的爸爸第一次听说学校还会给家长发放一张成绩单，对此，他特别感兴趣。

朱昱晓爸爸：我们工作比较忙，平时到学校来的次数也比较少，跟老师沟通得比较少。拿到成绩单一看，我们感觉到自己成绩还是不错的。通过参加学校的活动，学习家长读本以后，我们学到了很多。

昱晓爸爸还告诉记者，他来领成绩单时有一个新发现。他发现现在初一的家长不仅有一张成绩单，还有一本亲子手册，这本亲子手册同样给了他不小的触动。他说这本手册里面的第一部分是孩子小传，要求父母写出自己孩子的优点、不足，喜欢的学科和薄弱的学科等问题，好几个问题自己都填写不出来。

朱昱晓爸爸：这让我感觉到自己对孩子还是了解得不够多。平时我也带着孩子参加一些活动，但是现在看来还是远远不够的。

相较于昱晓爸爸的理性，赵梓涵的妈妈要感性得多，虽说这已经是第二次拿到自己的成绩单了，梓涵妈妈依旧很激动。

赵梓涵妈妈：我看到女儿给我评满分了，我挺感动的。我觉得我们做家长的总是对孩子要求比较高，比较苛刻，看孩子的缺点比较多，鼓励比较少，我觉得我也不是一百

---

* 作者系苏州市电化教育馆媒体中心记者

分妈妈，但是她给我满分，我就觉得孩子对家长还是比较宽容的。我想以后在对待孩子的教育上，真的不要太过严厉，当朋友一样去相处的话可能会更好。

记者在采访中了解到这份家长成绩单分为必修与选修两大部分，其中必修课程包含线上家庭教育学习以及撰写家长读本心得、参加家长会三个项目。选修内容则要丰富许多。有学校组织的规模大小不一的各类主题沙龙、讲座、工作坊，也有由班级组织开展的各类亲子互动主题活动，还有家长志愿服务等项目，共有十六个单项成绩。成绩的评定与孩子的学科考试成绩评定方式不一样的是，家长的成绩有三位评定者：家长自评、孩子评分以及学校评分。各项均分相加会构成一位家长的最后得分。

赵梓涵妈妈：以前没有一个专业课程让你去学如何做家长，但是学了这个课程以后，我跟孩子相处得越来越好，让我觉得我多了一个小闺蜜。

据学校德育处曹晓兰主任介绍，家长成绩单是在2017年学校首次推出家长积分认证的基础上的升级。当时，学校根据家长多为新苏州人，务工人员无暇关注孩子的实际情况，推出了观看线上家庭教育课程，并给予相应的积分认证的做法。同时还根据积分开评不同荣誉称号的好家长，这一做法在家长中获得了越来越多的积极响应，家长的学习热情也逐渐被调动起来。曹晓兰说仅仅线上的学习，还不够给家长更多的家庭教育指导，2018年，学校推出家长成绩单，同时在初一家长中发放《起航亲子手册》，将一个学期一张成绩单丰富为平时过程性的亲子互动记录。手册按照学校每月学习生活主题，包含学习任务书、成长加油站、校园生活体验记录等，用图片、文字等方式记录父母与孩子成长的过程，既提醒父母孩子在这个年龄阶段的特点、又列出学习菜单助力父母成长。

苏州市觅渡中学校德育主任曹晓兰：养人重在养心，那么我们怎么让家庭的心变得更加滋润起来？基于这个问题，我们在这张成绩单上面设计了大量关于亲子互动的内容，包括一些家务、一些学科互动，还有亲子手册，通过记录孩子平时的点点滴滴，家长给孩子一些点评，孩子给父母的一些反馈等方式，可以让爱在亲子间流动起来。我记得我们有一个家长在拿到这份册子以后说：“我把缺失了六年的爱找回来了。”因为他的孩子曾经有六年不在自己的身边，通过这份手册上的“任务”，家长主动地走进了孩子的心里。

大数据监测教育有了新亮点：望亭中心小学“我喜欢你”温暖人心

□ 仇荣剑*

记者：在大数据时代，监测驱动已经成为教育评价改革的新走向。苏州相城区望亭中心小学从2017年开始做了“引导学生对同伴进行正面评价，提高学生自尊水平的实践研究”的活动，通过数据监测的情况来看，活动取得了非常好的效果，学校里不仅师生精神面貌有了改变，而且校园也变得更加温暖了。

毛家英是2013年8月来到望亭中心小学担任校长一职的，她介绍，因望亭是苏州最西面的乡村小镇，学校的随迁子女高达60%，学生父母的本科率不到1%，面对这样的现状，如何更多地维持和提升学生的自尊水平引起了校方的关注。从苏州市2015、2016年义务教育质量监测报告中发现，望亭中心小学学生的自尊水平系数较低，为了能让学校的师生找到更多的归属感，为孩子树立自信心，学校在2017年申报了课题，以“我喜欢你”主题活动为正面评价的落脚点，倡导师生用欣赏的眼光看待身边每一个人，从而提高学生的自尊水平。

望亭中心小学校长毛家英：我们老师平时会搜集孩子的点点滴滴，用故事的方式讲出来，每周集体晨会的时候，我们孩子听到老师的表扬时，那种眼神都是放光的，所以，我们的师生因为“我喜欢你”活动，精神面貌都得到了很大的改变，学校的凝聚力得到了提升，这是大家都能看得见的变化。

每周五下午的班会课，六年级的每个班都会开展“我喜欢你，同学”的叙事主题班会，

* 作者系苏州市电化教育馆媒体中心记者

学生自我介绍，讲述班级同学的闪光点。记者发现，每个教室后面都有“我喜欢你”的墙板，上面贴满了学生三言两语描述自己班级同学的便利贴。据学生介绍，这些写满“喜欢”的便签，在两周的展示结束后，同学们会贴到自己准备的本子里，加上自己的相片、介绍和活动感想，制作成每个人独有的“我喜欢你”活动纪念册，变成永久的美好记忆。

望亭中心小学学生吕昊珺：第一，这个活动可以促进我们同学之间的关系，帮助我们更好地了解对方；第二，通过同学给我的便签条我可以知道自己的优点并继续保持，也可以知道自己的不足之处并改正；第三，我们的班会是自己制作 PPT 的，所以这可以更好地展示我们的学习生活，向同学展示不一样的自己。

望亭中心小学老师朱黎峰：学生之间相处得更加融洽了，班级的凝聚力更强了，作为班主任，就我而言，整个班级给我的氛围是积极向上的，学生也充满了正能量。

记者了解到，在“我喜欢你，同学”“我喜欢你，孩子”的活动推进过程中，学校还延伸出了“我喜欢你，老师”“我喜欢你，阅读”等根据年级特点开展的系列主题活动。采访当天，学校王静老师收到了一张学生亲手制作的贺卡，里面还附上了一首原创小诗，这给她这个来校教学还不到一年时间的新教师带来了很大的惊喜。

望亭中心小学学生王钧淏：我知道米兰花儿虽然又小又普通，可它总是毫无保留地散发清香，就像您一样，总是用心地对待我们每一个人……

望亭中心小学老师王静：作为老师，能够让学生喜欢是一件最幸福的事儿。

经过一年的实践探究，“我喜欢你”带来的温暖效应已不仅仅让学生收获自信、老师幸福满满，更是通过一系列数据的分析，让学生在自尊水平得到提升的同时，学业成绩也得到了很大的提高。前不久，学校的这项研究荣获了 2017 年度苏州市义务教育学业质量监测结果运用优秀案例一等奖的好成绩。

望亭中心小学副校长韩平：我们用一个自尊量表对六年级的学生进行了一个问卷调查，通过网络的方式生成了一个问卷结果，再以这个结果与市里的学业监测的结果做了对比，发现我们学校整体比苏州市的平均水平高了一点，这样看来我们的“我喜欢你”活动是有效的，看到这个结果我们很欣慰。

望亭中心小学校长毛家英：我觉得用大数据来分析教育是一种科学的指引，我们可能更多地关注活动案例，但案例是个案，数据的涉及面比较广、比较科学，能更多地说明问题，对提高我们学校的学业质量更有帮助，也更有说服力。用科学运用、监测数据来实践我们的活动，这样我们的校园管理就更加规范。

苏州市第十二中学校：大数据助推特色课程开发，学生学习更有力量

□ 仇荣剑*

记者：苏州教育一直致力于向每一位学生提供“优质、均衡、适切、共享”的服务，随着大数据时代的发展，苏州越来越多的学校在教育质量监测的驱动下，促进学校特色课程的开发、教师教学行为的改进以及学生核心素养的提升。苏州市第十二中学校一直注重学校特色课程建设，基于监测结果，让学校的语文、数学、英语学科发展越发出彩。

丁贝贝是苏州市第十二中学校初三（2）班的一名学生，即将毕业的她，在回忆初中三年最大的学习收获时，她脱口而出的是《英语初小衔接绘本教材》。丁贝贝说，小学的时候自己的英语基础有些薄弱，上了初中后很担心自己的英语跟不上，但学校的《英语初小衔接绘本教材》以及相关联的英语词汇能级测试、自然拼读法等，都让她在学习英语的道路上有了更多的自信与动力。

苏州市第十二中学校学生丁贝贝：能级测试的内容就是对一些词汇每周或者隔几周反复地测试，让我们加深记忆。自然拼读法更是让我们学到了学习英语词汇的方法，这个方法会一直伴随我们的英语学习。

与丁贝贝一样对学习英语有着无限热情的初二学生李欣韡告诉记者，在课堂外，学校还开设了“英语小剧场”兴趣课程，师生们将童话故事搬上舞台，提高学生学习兴趣，锻炼学生口语和听力能力。

苏州市第十二中学校学生李欣韡：“英语小剧场”让我的英语更加精进了，我认识

* 作者系苏州市电化教育馆媒体中心记者

了很多不同类型的单词，学习成绩也得到了提高。

记者了解到，不论是《英语初小衔接绘本教材》、英语词汇能级测试、自然拼读法，还是“英语小剧场”，这些课程的开发都是因2016年学校做了以“以英语词汇能级测试促学生英语学习能力提升”为题的监测案例。教师顾阳是案例研究参与者之一，她介绍，2016年，学校从义务教育学业质量监测报告中发现，本校学生英语测试中“词汇理解”与本区域的学生相差较大，于是，英语教研组老师根据英语教学规律，以“词汇”为抓手，开发《英语初小衔接绘本教材》，通过强化能级测试等创新举措，找准学生学习起点，调动学生学习积极性。

苏州市第十二中学校英语教研组副组长顾阳：我们梳理了一些常用的词汇，还有一些常用的表达方式，夯实学生基础。学生在接下来的考试当中，特别是作文方面都有比较大的提升，拉近了我们学校与区域学校的平均分差距。

除了英语，学校在语文、数学学科上也从监测报告中深耕学生学习的薄弱环节，有针对性地开设相关课程，调动学生学习的积极性。数学学科通过开设“模型”“火柴棒游戏”“魔方”“几何画板”四门课程，渗透对学生的逻辑思维训练。语文学科重点打造阅读教学，语文教研组教师自编衔接课程校本教材，自创了“问题推进式阅读法”，成立繁星文学社、亲子阅读会等，营造良好的家校读书氛围，让学生在有趣味的课堂内外培养阅读习惯。

苏州市第十二中学校学生周苏杭：学校会让我们自由读书，写一些读后感，然后让我们互相讨论，这时我在增长智力和吸收课外知识方面都有特别大的帮助。我们还会开图书交流会，然后邀请不同年级不同班级和其他地方的学生来交流讨论，进行思想上的碰撞，激荡脑力。

苏州市第十二中学校教科室主任冯志亮：我们主要把阅读活动分为阅读社团的建设和阅读节的开展。学生在阅读方面，比如说在古诗文的积累、信息文本和文学文本的阅读能力上都有明显的进步，还有写作水平也得到了显著提高。

苏州市第二十四中学校：“教改+信息化”打造“高效+个性”课堂

□ 王　越*

记者：苏州市教育质量监测中心联合苏州华中师大教育研究院对市区2所高中学校和5所初中学校的2276名学生展开了抽样调查。调查数据显示，学生的信息处理能力表现最好。记者走进苏州市第二十四中学校，看看这所普通中学在培养学生信息化能力中，都有哪些新做法。

自2015年起，苏州市第二十四中学校开设了2个“信息化教改试点班”。“90后”的数学老师王袅选择进入了教改试点班项目组。作为青年教师，能够遇到这个教改实验项目，他很兴奋。

走进王袅的课堂，学生们在平板电脑上自由地翻转浏览，通过学校网络资源平台与同学们进行对话，或与老师进行互动。王老师通过电脑即时调阅各组情况，随时反馈评价，并把有代表性的案例呈现给全班同学。像这样的教学模式已经成为王老师数学课的常态。

苏州市第二十四中学校数学老师王袅：利用未来教室的多媒体设备，呈现一个生动、立体、有序的课堂，老师们运用信息化设备对教学做出改变。比如我们教地理的徐老师，他结合了生物、历史、政治，把各科的内容整合起来，形成一个“学、玩、做”为一体的课程。现在已经进入了一个信息化时代，每个人都应该有信息化素养，学校不仅要提供硬件设备，更要培养学生信息化运用能力。

王袅说，两年来，教改班的每个老师都在不断摸索，同事之间互相支持，大家建立

* 作者系苏州市电化教育馆媒体中心记者

成长共同体，一起商量对策，见招拆招，并将经验推广到全校。如今在二十四中，信息技术与学科教学的深度融合已不再是公开课的表演，而是一种课堂教学的新常态，在信息化教改中，不少老师尝到了甜头。王臯说，信息化教学看似耗费时间和精力，实际上却提高了效益，更主要的是用心投入让老师们获得了一种幸福感。

苏州市第二十四中学校初一学生燕娴：小学的时候基本上就是笔头作业，背课文的时候还要去老师办公室排很长的队，现在可以在QQ上读课文给老师听。最近老师把一些笔头作业转到了软件上，我们可以在软件上完成一些英语小练习和口语作业，在这样好玩的软件里学习，我的英语变得越来越好了。

苏州市第二十四中学校初二学生许文婷：刚来到学校的时候我对这里的一切都感到新奇，我不知道什么是“未来教室”，什么是“信息化教改班”。我们平时的作业很多采用在线完成的形式，英语我们用“一起作业”，数学我们用“提分王”，老师带我们参加了很多活动，比如“未来工程师”“电子制造”等，我对电脑编辑和电路图挺有兴趣的。

许文婷告诉记者，在信息化教改试点班的两年，最大的感触就是他们的学习环境变得开放、宽松了。课前，任课老师会把各自科目的重难点制成微课，上传到网络平台，同学们可以根据自己的情况进入平台预习、复习，强化知识。

创客教育改变课堂：3D打印笔让你变“马良”

□ 王　越*

小时候听过“神笔马良”的故事，想必大家都不陌生：马良拿起画笔在墙面上画一只大公鸡，大公鸡就变成了真的。现在，3D 打印笔也能将画变成立体的实物。

由苏州市教育局主办的“首届教育信息化展示月”系列活动之一“创客教育课堂和 4D 课堂”教学观摩活动在苏州市善耕实验小学开课。来自苏州高新区文星小学的王露苇老师运用 3D 打印笔为孩子们上了一堂不一样的美术课——“我的美丽家园”。

记者见到，王老师的美术课上，学生的桌面上出现的不是彩色的画笔，而是一支插着电线的笔和几卷彩色的塑料线。这支笔可不是普通的笔，而是 3D 打印笔。这支 3D 打印笔的造型就像一支加大版的水彩笔，但顶端配有两个插孔，其中大的插孔是电源接口，小的插孔则是耗材入口，上面接着长长的、被卷成数圈的 ABS 塑料条。笔身上有两个按键，分别控制进料和出料。同学们有的在设计房屋，有的在画树……分工明确地设计他们心中的美丽家园。

苏州高新区文星小学美术老师王露苇：小朋友对于新的东西，像是 3D 打印笔，学的速度非常快。打印笔主要培养孩子的创新性和小组合作能力，他们只有通过一个小组的团结合作，才能在很短的时间内完成作品，这让他们明白了团队力量的重要性。

王露苇说，对于将 3D 打印笔运用在她的美术课堂教学中，她既欢喜又感觉到挑战。记者发现，在孩子们整个制作过程中，教室里 3D 打印笔发出嗡嗡的马达声，每个同学都专注于自己的小组任务。

苏州市善耕实验小学校沈小丹：我非常喜欢这堂美术课，它能把我们平时画在纸上

* 作者系苏州市电化教育馆媒体中心记者

面的画变成立体的，很有趣，我们可以按自己的想法重新设计场景。

沈小丹跟大多数孩子一样对于这样的课堂也觉得非常有意思，她告诉记者，王老师提前给他们介绍了一下 3D 打印笔的使用方法，那是她第一次看到这样的画笔，感觉很新奇、很有趣，3D 打印笔的使用方法也很简单。

制作结束，同学们的作品在大屏幕中展示，有的同学把苏州元素设计进他们的作品里，得到了听课老师的一致点赞。

王露苇告诉记者，选取 3D 打印笔来进行授课，是想培养孩子们的动手能力，有些孩子的造型能力不强，但她想要通过这一种方式来激发起每位孩子的兴趣。同时，这也是技术与艺术的一种融合。

苏州高新区文星小学校长陆彩萍：我们的孩子 80% 以上是新苏州人，这些孩子非常有创造能力，我们就设想在创客中让孩子玩起来，于是选择了美术这个课程，让他们通过自己的创作，把自己想玩的东西、有创意的想法做出来，成为一个小小的“创客”，更多的是让小朋友在指导下进行头脑风暴，转变了固有的教学方式。

陆校长说，“创客教育”是以让学生享受创新与分享的快乐为目标的，苏州高新区文星小学于 2015 年建校，在接下来三年级学生的教学中，学校希望开发校本教材，将“创客教育”运用到综合实践活动课和劳技课等学科。

记者了解到，目前苏州的“创客教育”已经逐步从教师培训走进了学生的课堂，“创客教育”正与更多学科相融合。

苏州教育信息化领导力提升交流研修班：团队拓展让学员获益满满

□ 王　越*

为了开拓视野，更新教育理念，提升校长教育信息化领导力，切实推进“智慧校园”项目的顺利开展，促进教学全面信息化，苏州市电化教育馆举办了2016年“智慧校园”教育信息化领导力提升高级研修班培训活动。

苏州市电化教育馆副馆长张兰娟：在设计这个培训班的时候我们主要考虑到如何才能让学校管理干部的意识理念有所提高，所以我们在安排活动时，其在形式上跟以往不同，有为了提升凝聚力的拓展活动，还有校长的沙龙活动，让大家可以各抒己见。我们会带着学员走进基础学校，到课堂里去感受。

记者看到，与往常培训不同的是，开班仪式是半天的拓展活动。活动中教师们运用自己的智慧与毅力，依靠团队的力量完成了“疯狂毛毛虫大赛”“达·芬奇密码”“挤压板”等拓展训练项目。这些项目让教师们亲身体会到了战胜困难的喜悦、团结协作的激情以及获得成功的快乐。

苏州市第一初级中学副校长顾静怡告诉记者，这次参加培训是她主动报名的，本以为是大家一排排坐下来听报告，没想到开班仪式组织了一个拓展活动。

苏州市第一初级中学副校长顾静怡：作为学校，我们承担着使信息化更广泛地进入大众生活的责任，通过这次培训我们能够了解最新的信息化动态，也能在工作中更好地将信息化融通、贯通到学校工作的各个领域。

* 作者系苏州市电化教育馆媒体中心记者

苏州市平江中学校老师袁军：教育信息化主要针对的是教育的技术，用来支撑教育教学的、真正决定学生学习的还是我们的课程和教学的设计，教育信息化都是为此服务的。

据了解，在三天的培训里，专家们从不同角度就教育技术领域的新理念、新技术和新成果，以及学习与创新能力培养等问题，为学员做了精彩的讲解。一场场精彩的专家讲座，让学员们受益匪浅。

苏州召开融合教育资源中心建设昆山现场推进会

□ 王 越*

为了积极推动普通学校融合教育资源中心的建设与运行，探索融合背景下有特殊需要的学生的教育教学，由苏州市教育局主办的“苏州市融合教育资源中心建设现场推进会”在昆山张浦第二小学召开。

现场，昆山张浦第二小学分享了学校融合教育资源中心建设情况，目前，学校特教资源教室总面积约有 370 平方米，包括了教学活动区、综合课程区、个别化服务区、健康保健区以及感统训练区。学校目前共有 18 名特殊学生，其中 8 名学生需要全天候在资源教室学习，其余学生实行随班就读。

昆山张浦第二小学校长陈辉：根据省相关文件精神，我们将原来的资源教室整合成“1+N”个资源教室群，形成了学校的融合教育资源中心。我们还进行了一些课程的规划与改造，为了学生的特殊需求将普通课程升级转型。把融合教育融入课程，融入校园文化，融入孩子们的校园生活。融合教育不仅仅是为了我们的特殊孩子，更是为了我们每一个孩子的健康成长。向着让每一个孩子享受公平有质量的教育而努力是我们应尽的责任。

现场，张浦第二小学教师展示的两节融合课堂教学，给与会专家和老师留下了深刻的印象。学校结合实际情况，努力实现“普通课程”向“特殊课程”的转型升级。根据学生年龄特点，分别开展了生命课程、生活课程、艺术课程、智识课程、专属课程和亲子课程。

* 作者系苏州市电化教育馆媒体中心记者

江苏省特教发展指导中心研究员储昌楼：在基础教育板块中，只有特殊学校的孩子们都能够像普通孩子一样，得到充分的尊重信任和有效的教育同步，我们的教育才能被称为更加公平、更有质量的教育。教育资源中心就原来的服务对象、服务范围、服务的方式方法等方面都进行了很大的改进，所有的变化都是为了更好的内涵发展。资源教室不仅仅是一个重投入的教室，更是把普通学校资源整合起来的教室，这些资源包括教育教学实施、师资力量和社会力量。

据了解，2019 年初江苏省出台《关于加强普通学校融合教育资源中心建设的指导意见》。该意见最大的亮点是扩大了特殊教育对象，首次全面界定了普通学校中特殊教育的实施对象。意见还要求将融合教育覆盖率、特教专职教师配备率等纳入教育现代化监测和义务教育优质均衡发展督导评估，构建了行政顶层设计、专业同步跟进、评估有效推动的融合教育支持保障体系。

2019年昆山市中小学信息化领导力培训：聚焦智慧校园建设

□ 王 越*

为提高昆山市中小学教师的教育信息化领导力，切实推进“智慧校园”项目的顺利开展，促进教学全面信息化，实践教学新变革，构建快乐学习，打造智慧校园，2019 年昆山市中小学信息化领导力——“智慧校园建设与应用”专项培训在苏州市电化教育馆召开。来自昆山市各学校的信息化分管领导及教技主任等近 100 名老师参加了此次培训。

会上，领导首先充分肯定了近些年昆山市各级各类学校智慧校园硬件建设取得的成绩，分析了在智慧校园建设应用方面还存在的问题及其原因；其次强调推进教育信息化工作的重要意义，指出举办本次培训会的目的是落实《教育信息化 2.0 行动计划》，增强全市各级各类学校切实抓好智慧校园建设与应用，促进信息技术与学校教育教学的深度融合。

昆山市教育局教育技术室副主任孙建荣：2018 年昆山创建了 10 所三星级苏州市智慧校园，1 所苏州市四星级智慧校园。2019 年计划有 35 所学校创建苏州市三星级智慧校园。在创建过程中，学校对标准和要求把握不准，希望通过这次培训活动提高老师们的认识和业务水平，更好地推进昆山智慧校园的创建活动。

现场，苏州市电化教育馆馆长顾瑞华做了题为“智慧校园让学习、工作、生活触手可及”的专题报告。顾馆长的报告站在全市智慧校园建设的高度，回顾了苏州市智慧校园建设已经取得的成绩和存在的问题；解析了我市教育信息化 2.0 行动计划的时间、目

* 作者系苏州市电化教育馆媒体中心记者

标和具体任务；提出全市智慧校园建设要关注学生成长和教师专业发展，要抓好智慧校园环境建设，要抓好数据中心及应用场景平台建设工作；倡导各级各类学校要有推进机构和专家引领，有管理制度和决策机制，有经费保障，有顶层设计与分步实施方案。

昆山市城北中学教技主任鲁云霞：我是一名信息技术老师，现在学校在设备的搭建上做得好，就更要求信息技术老师带领好老师、学生，提高信息素养。我们首先要有信息的辨别能力，要知道通过怎样的渠道才能得到更好的信息。

据了解，此次为期 3 天的培训讲座邀请了 5 位专家老师分别从智慧校园的建设标准解读、大数据分析等方面进行了深度探讨。

苏州市教育局直属学校开展2019年“江苏省中小学智慧校园”创建现场评估活动

□ 王　越*

为全面推进《教育信息化2.0行动计划》实施，深入开展区域智慧校园创建工作，日前，苏州教育局直属学校组织开展了2019年上半年“江苏省中小学智慧校园”创建现场评估活动。

当天，参与评估验收的学校包括：江苏省苏州第十中学校、江苏省苏州第一中学校、苏州市草桥中学校、苏州市景范中学、苏州市第二十四中学校、苏州市彩香实验中学校、苏州市实验小学校。记者了解到，现场评估总分80分以上的学校达到江苏省中小学智慧校园标准，计划到2020年，苏州70%的学校将达到省级智慧校园标准。

现场，专家们认真听取了各学校对学校智慧校园创建工作的汇报，对学校的工作进行点评并提出问题，学校的项目负责人进行了答辩，评估采用现场打分并提出改进意见的方式。

另悉，为全面提高我市教育系统的网络安全保障能力和防护水平，苏州市教育局、苏州市公安局正在联合开展全市教育系统网络信息安全专项检查工作。市直属学校将继续梳理摸排教育系统网络安全状况，检测排查并督促整改网络安全风险、隐患和突出问题，增强教师与学生的安全防护意识，为苏州教育系统的高质量发展创造良好的网络环境，办好人民满意的教育。

* 作者系苏州市电化教育馆媒体中心记者

陆慕高级中学

一训三风:[校训]正心　[校风]上下求索　[教风]润物无声　[学风]不择细流

陆慕高级中学创办于1956年，是一所有近70年校龄的老牌名校。2006年被江苏省教育厅确认为省四星级普通高中。学校毗邻区政府所在地，位于相城区元和教育区内、美丽的阳澄湖畔。学校的办学理念是“天下无不用之人”。秉承“正心”校训，形成了“上下求索”的校风、“润物无声”的教风和“不择细流”的学风，围绕“一训三风”，打造独具特色的校园文化。

学校在教学管理中，坚持追求规范化、民主化、科学化、人本化的管理模式，围绕“文化引领、制度治校、精神激励、人文关怀”的管理理念，实行“用文化塑造灵魂，用目标振奋精神，用制度规范行为，用创新完善制度，用成绩推动创新”的策略。采用“垂直化管理”和“扁平化管理”相结合的方法进行协调管理，在近70年的办学过程中，培养了3万多名初高中毕业生，为清华大学、南京大学等名牌高校输送了大批优秀人才，办学声誉和知名度稳步提升。

2016年，学校依托华东师范大学，专设志远实验班，2017年，学校依托南通市部分名校的师资力量，进一步优化志远班教学模式，全面提升教学质量，一批优秀学生冲击国内一流名牌大学，向清华、北大、南大等“985工程”重点院校输送高层次专业人才。

苏州科技城外国语学校

苏州科技城外国语学校位于苏州科技城中心，是苏州伦华教育品牌核心实体校。苏科外得到了高新区政府的关心和支持，由苏州科技城管委会投资，采取多元办学模式，是一所国际化、生态化、科技化、人本化的学校，构建了从幼儿园到高中K12一体化教育体系。学校占地75亩，良好的生态环境、科学的布局、现代化的教学设施，都体现了学校对于卓越品质的追求。

学校由全国著名特级教师曹伦华担任总校长，语文特级教师张彤担任校长。国家《英语课程标准》研制专家组核心成员、全国基础外语教育研究培训中心常务副理事长张连仲教授领衔外语专业团队，新加坡前教育督学洪伟雄先生为总督学，前英国帕特文法学校校长Richard Kemp先生为总顾问。

苏科外秉承全人教育、全面发展的课程开发理念。纵向上，打通一条完整、延续、无缝的融合教育链；横向上，提供菜单式的课程供学生选择，建构起独特的“融悦”课程体系，以国家标准课程为核心基础，延伸出“国际理解、创智未来、乐活审美、慧启幸福”四大特色课程。不同课程相互融合，拓宽孩子们的学习边界，从单一的平面学习转向多元的立体学习，推动可持续的终身学习。

苏科外以“博融天下、慧悦人生”为使命，培养具华夏根基、家国情怀、国际视野、领袖胸襟的“6C”（创新力、合作力、沟通力、博爱、自信、奉献）国际精英，同时以打造6C精英文化场为愿景，坚信教育的终极目标是培养一个幸福的人，让孩子为终身发展、未来幸福而学习生活。